紳士淑女方御用達

こだわりのロングセラー

【画】
岩川亜矢
【文】
和田由美

共同文化社

まえがき

西暦二〇〇〇年という記念すべき年も残り僅かとなり、新たなる世紀へのカウントダウンが始まろうとしています。矢のように過ぎていく時の流れと、めまぐるしく移り変わる流行の中で、昔ながらの風情と、変わらぬ持ち味で愛され続けている商品があります。「こだわりのロングセラー」は、そのような商品への敬意と称賛から生まれたシリーズと言えるかもしれません。

この本は、北海道新聞木曜夕刊「おふたいむ」が創刊されたのと同時に連載がスタートした「こだわりのロングセラー」（日本編）をまとめた一冊です。一九九〇年に海外編から始まり、一九九五年まで続きました。描いた商品は両方合わせて二百四十点余りですから、連載もロングランとなったわけです。

十年前、現在の仕事場に居を移して新たな気持ちでいた時に、ちょうどこの仕事の話をいただきました。ヤル気十分で臨んだ仕事でしたが、週一回このような緻密な絵を描くという事は、思った以上に大変なことでした。どちらかというとスケッチ風の素早く筆を走らせ、スピード感のある絵を描くのが好きでしたので、ひとつの商品を丹念に細かく描いていく作業は、自分にとっても新たな試みでした。原稿と懐かしい品物が次々と届き、ひたすら描きつづけているうちに、「長きに渡って人々に愛され、支持されてきた商品への私なりの賛辞が画面上で表現できれば……」と思うようになりました。今にして思えば新たな試みだったこの仕事が、私の新境地を開拓してくれるという幸運なめぐり合わせになりました。

連載中一度だけ和田由美さんに無理なお願いをしたことがあります。ヨーロッパ研修のため、三カ月間休みを取らなければならなかった時、相談すると由美さんはドンと胸をたたいて十二回以上の原稿を一気にまとめてくれたのです。あの時ほど由美さんが頼もしく見えたことはありません。締め切りに間に合わせるには二人の連携プレーが大事で、「あ、うん」の呼吸で仕事のできるパートナーに恵まれたことをとても感謝しています。

さて、二十一世紀を前にして「こだわりのロングセラー」を発刊できる事を、いまこの上もない幸せに感じています。この本の出版に携って下さった人たち、本書を手に取ってくださるすべての方々に心よりのお礼を申し上げます。ありがとうございました。

二〇〇〇年十月　　岩川　亜矢

こだわりのロングセラー＊目　次＊

第一章

銘菓大評判《おいしいかしだいパレード》

思いがけず頂いて、きっとあなたも顔がほころぶ。じっくり味わう老舗の逸品――。

【雷おこし】001

都市としての東京の懐の深さは、時代の最先端を行く銀座や六本木とは対照的な下町を歩いているとに妙にわかるものだ。なかでも、浅草は今も映画館や古めかしい飲食店が立ち並び、情緒あふれるたたずまいを残す。そんな浅草で、浅草寺参拝の土産品《みやげひん》として江戸時代から人気を得ているのが「雷おこし」である。

今から約二百年前、徳川十一代将軍・家斉による浅草寺雷門再建の頃に売り出されたといわれ、ネーミングの雷おこしはこの雷門（正式には風雷神）に由来する。この門は名前の通り、風神と雷神を奉ったものだが、いつのまにか雷さまだけがスターとなった。古川柳でも、「風神の居候するかみなり門」と詠まれるほど、風の神さまはすっかりかすんでしまったのだ。

さて雷おこしは当初、この境内の掛け小屋で売られ、やがて観音さま参拝のなくてはならない土産品となる。というのも、名前が「家を起こす」「名を起こす」などにつながり、縁起がいいと喜ばれたからだ。明治の中頃には、雷門わきの現在地に店舗を構え、今では東京を代表する銘菓として全国的に広まっている。改めて味わってみると、昔より相当柔らかくなっている。甘みを抑えたり、硬さもソフトにしたりと、時代の要望に合わせて少しずつ変化させているのだ。「入れ歯が壊れたけれど、どうしてくれる」という苦情がくるほど、昔のままに硬い製品もあるが、今は軟らかいものが主流。そもそも原料は米なので、硬い軟らかいは水飴の量で決まるという。観音さまご開帳のほおずき市では、「ほおずきと雷おこしは雷除けのおまじない」という口上《こうじょう》で売られたという雷おこし。食べながら仕事をすると、「何かいいことありそうだ」と思うのは気のせいか。

【名菓　ひよ子】002

「あまりの愛らしさに、食べる前に顔がほころぶ」というような和菓子は、そう多くない。名菓「ひよ子」は、数少ないそのひとつだろう。縁日で売っていたひよこを連想させる立体的な形に、ふたつの目と嘴《くちばし》がちょこんとつけられ、さてさてどこから食べたら良いのかと迷うほど可愛い。ひとかじりすると軟らかな歯ざわりでほんのりとした甘みが口中に広がり、理由《わけ》もなく懐かしい気分に包まれる。

製造元のひよ子は、初代・石坂直吉が明治三十（一八九七）年、飯塚市に開いた菓子店がその始まり。二代目を引き継いだ石坂茂はある日、養鶏場で遊ぶひよこの夢を見る。このひよこをなんとかお菓子にできないかと、工夫して木型を作り、両面を合わせて立体的な形に作りあげた。それに手作業で嘴と目をつけ、大正元（一九一二）年、このお菓子は産声をあげた。丸や四角など単純な形しかなかった当時の菓子業界で、立体的な形のひよ子は画期的。瞬く間に売れゆきを伸ばし、現在も数ある東京土産のなかで上位に入る人気を博している。それほどの数であれば、もちろん手づくりは無理で、今はオートメーション化されている。しかし、それまでに五年もの歳月をかけて試行錯誤が繰り返され、廃棄処分になった失敗品は一日に何千個もあったそうだ。

ところで、ひよ子のあんには、北海道産の上質な白インゲンの豆が使われている。発売から九十年余り、見かけの愛らしさだけでなく、食べても飽きない上品な味であることが、幼い子どもからお年寄りまで幅広い層に愛されている理由だろう。

【おもかげ】003

和服姿の女性が、風呂敷に包まれた虎屋の羊羹《ようかん》「おもかげ」を持って出掛けるなんてシーンを想像すると、幸せな気分になってくる。

ちなみに羊羹とは、もともと羊肉を使った羹（あつもの、とろみのある汁物）のことで、紀元前に中国で書かれた『史記』にエピソードが残されているほど歴史ある食べ物という。羊羹の老舗である虎屋の歴史も古く、室町時代にはすでに虎屋を名乗っており、慶長五（一六〇〇）年の関ケ原の戦いに関する資料にも、その名が記されている。

ところで、黒砂糖を使ったおもかげは、江戸時代からあったらしいが、本格的に登場するのは大正四（一九一五）年のこと。黒砂糖を用いてあんや寒天などで練り込んだ虎屋のオリジナルで、小倉羊羹「夜の梅」と並ぶロングセラー。精製されていない黒砂糖は、各種のビタミンや無機質を多量に含み、幼い頃に食べた駄菓子を思わせる懐かしい味わいを持つ。

そして、何よりも万葉集の「夕されば　物思いまさる見し人の　言問ふ姿面影にして」から取られたというネーミングが美しい。記憶に残る〝あの人や事柄〟を思い出させる〝おもかげ〟という名の羊羹は、大切な人に贈る最高のプレゼントとなるだろう。

また、姉妹品の「夜の梅」は池波正太郎が〈叔父が買ってきた「虎屋」の「夜の梅」という羊羹をはじめて食べて、その旨さに私は目をむいたことがある〉（『食卓の情景』より）と書き記している。頑固だった作家に愛されるとは、幸せな羊羹といえる。

【白松がモナカ】004

仏壇に似合うお菓子といえば、落雁《らくがん》と最中《もなか》が双璧だろう。中でも最中は、もち米で作った二枚の薄皮にあんを入れた半生菓子で、江戸時代の中期から一般に登場していた。かの斎藤茂吉は、明治二十九（一八九六）年、十四歳の時に仙台の宿で、生まれて初めて最中に出会ったという。いたく感動した茂吉はそれから四十年後、回想のエッセーの中で「旅館では最中という菓子を初めて食った。……朝仙台を発し、夜になって東京の上野に着いた。……最中という菓子も毎日のやうに食うことができる」(『三筋町界隈』)と書いている。

いかに歌人の心を捉えたとはいえ、当時の仙台の最中はわずかにあんを詰めた質素なものだったらしい。創業者の白松恒二は意を決して昭和七(一九三二)年、それまでの最中を超える新しい最中づくりに取り組む。材料が吟味されているのはもとより、念入りに練り上げられたあんをぎっしり詰め、あんと皮のバランスも工夫した。こうして生まれた「白松がモナカ」は、当時では割安の六個十銭で売り出され、大変な人気を呼ぶ。そのサクリとした歯ざわりの皮と口中でとろけるようなあんが魅力で、今や仙台を代表する銘菓として広く愛されている。

【文明堂のカステラ】005

「文明堂のカステラ」を口にしたことのない人でも、広告コピー不朽の名作といわれる「カステラ一番、電話は二番、三時のオヤツは文明堂」は知っているだろう。戦前の大阪にあった肉屋の看板〝肉は一番、電話二番〟にヒントを得て、昭和十二(一九三七)年に誕生。これに合わせて支店などの電話番号がそろえられ、全国で二番は八十本、他に二〇番、二〇〇番など数え切れないそうだ。

さてカステラだが、約四百年前、ポルトガル船で渡来したフランシスコ会の神父により日本にもたらされた。名称は、スペインの当時の王国・カスチラ国の菓子(BOLLO D

E　CASUTILLA）に由来。原料・製法・風味などを洗練し、日本独自の味が生み出されて銘菓・長崎カステラとなった。文明堂の創始者・中川安五郎は、長崎県南高来郡の大工の三男に生まれた。カステラ製造法を学び、明治三十三（一九〇〇）年に長崎市で開業。二十三歳だった。東京進出を考えたのは、佐世保に分店を持つ実弟の宮崎甚左衛門。大正十一（一九二二）年に上京して上野に店を構え、当時の三越呉服店と納入契約を結び、地方銘菓販売の先駆けとなる。さらに、名コピー「カステラ一番……」を生み出し、文明堂カステラ王国の基礎を築く。

ところで、オッヘンバッハ「天国と地獄」の軽快なリズムに乗せて、小熊のぬいぐるみがかわいいダンスを踊るテレビCMも忘れられない。オーストラリアのノーマン&ナンシー・バーグ夫妻が操るマリオネットのラインダンスを使い、「文明堂豆劇場」と題して昭和三十八（一九六三）年から登場。実はこの小熊、ダンスの最後でシッポを振るので、猫ではないかという説がある。確かに、夫人が最初ぬいぐるみに想定したのは欧米で人気のキャンキャンキャンキャット（猫）。結果は小熊に落ち着いたが、〝シッポはその名残り〟というのが真相だ。

昔の人に懐しく、今の人には新しい。口中に広がるおいしさ恋しく──。

【梅ぼ志飴】006

若い人たちでもこのクラシックな缶のパッケージと飴の形を見て、一度は食べたことがあると思い出す栄太楼の「梅ぼ志飴」。お土産用の箱入りには、「黒飴」と「抹茶飴」、そして「梅ぼ志飴」の三種類がセットされているが、やはり人気は梅ぼ志飴だろう。

色こそ梅干しをイメージした赤だが、酸っぱさはなく、水飴ならではの甘さが独特。栄太楼飴の中でも、代表的な商品となっている。

そもそも梅ぼ志飴のルーツは、かつて上流階級の観賞菓子だった「有平糖《あるへいとう》」である。桃山時代に初めてポルトガルから輸入されたといわれる有平糖は、いわゆる砂糖菓子の一種。赤や青のカラフルな色彩をほどこしたものが多く、これをヒントに三代目・細田安兵衛は、梅ぼ志飴を思いつく。

細田安兵衛は、黒船が来航した安政四（一八五七）年、父親の代まで井筒屋として菓子商を続けてきた屋台店をたたみ、日本橋西岸に独立した店舗を開く。屋号を自分の幼名にちなんで榮太樓と改め、間口三間の店からスタートするのだが、このころには梅ぼ志飴を創製している。できたての飴を熱いうちにハサミで切り、それを三本の指でひょいと軽くつまんで梅干しの形にしたそうだ。昔は手づくりだからシワもあり、食紅で色をつけた三角の赤い飴だった。そこで、ウイットに富む江戸っ子が梅干しに見立てたことから、梅ぼ志飴と名づけられた。当時から現在まで、この飴に梅干しのエキスが使われたことはない。

それにしても、栄太楼飴といえば「飴は丸い」という常識をくつがえすかのように、三角形が基本。梅ぼ志飴に始まり、黒飴や抹茶飴、紅茶飴も同じ形で美しく整う。ましてや梅ぼ志飴の場合、配色を考えて缶の中にべっこう色の飴も混ぜられている。こういう所に老舗らしい細やかな心づかいが見られ、飴の味を一層引き立てているような気がする。

【カンロ飴】007

モダンできらびやかなデザインが多い中、「カンロ飴」のパッケージを眺めているとなぜかホッとする。どちらかというと野暮ったいのだが、「まだ変わっていなかったのか」とうれしくなってくるのだ。

なにしろ、〝三年もてば長生き商品〟といわれる菓子業界で、独特の醤油味が生きたカンロ飴は、誕生以来四十年余りも飴菓子のトップブランドを守る。その懐かしい味は、老いも若きも関係なく愛され、これまでに一千億粒も生産されているという。それを一粒ずつ横に並べると、その長さはなんと地球五十一周分になる。

そもそもカンロ飴は大正十（一九二一）年、宮本製菓所（カンロの前身）から発売された新しい飴玉が始まり。中に空気が入っていないので表面がつるりとしたこの飴玉は、「宮本の生玉」と名づけられ、夏でも品質が落ちないという画期的なもの。この時の製造技術が、後のカンロ飴誕生に大きな役割を果たす。

発売のきっかけは、昭和二十七（一九五二）年に行われた砂糖統制の撤廃。それまで規制されていた砂糖の自由化に伴い、創業者の宮本政一は、「日本人だけが好む味のキャンデーが出現すれば、他社製品を追い越して市場を独占できる」と考えた。そこで、日本の食事に欠かせない醤油を飴に使って、試作を重ねる。

こうして、かつてない透き通った琥珀色で日本的な風味を持ち、しかもあっさりとして後味も抜群のカンロ飴が誕生する。名前は、味にぴったりな「甘露（天から降る甘い露）」からとられ、「宮本のカンロ玉」として昭和二十九（一九五四）年にデビュー。翌年にはカンロ飴と改名されて、全国発売された。他メーカーの飴が一個五十銭という時代に一個二円であったが、爆発的にヒットしたという。〝飴菓子といえばカンロ飴〟といわれるほど代表的な製品になるには、長い歳月とそれなりの理由があるようだ。

ビスケットという名前には、かつての文化住宅や文化鍋のように知的な響きがある。昭和三十年代、ビスケットと紅茶の組み合わせは、一般の家庭にとって豪華なティータイムのように思えたものだ。

【森永ビスケットマリー】008

シンプルな丸形で針穴のプツプツが特徴の「森永ビスケットマリー」は、大正十二（一九二三）年に売り出された十六種類詰め合わせが始まり。大正四（一九一五）年から輸出向けビスケットの製造を始めた森永製菓は、イギリス人技師アッシェルの指導の下、マリーはもとよりツタンカーメン、ハーバートクリームなど多種類を作った。

マリーが丸缶に入って、単独で発売されたのは大正十五（一九二六）年。値段は五十銭だった。マリーという可愛らしい名前は、どこから命名されたのかと思っていたが、絞首台の露と消えたフランス王妃マリー・アントワネットのマリーからという。わがままで有名だった王妃だから、宮廷でもビスケットを作らせたそうで、ビスケットの周囲の細かい模様はアントワネット家の家紋のコピーと伝えられている。

日本では、ビスケットとクッキーが同じ焼き菓子ということで混同されているが、本来は違う。一般的に、ビスケットは工業生産されてガス抜きの針穴のついたハードなもの。クッキーは、小型で糖分や脂肪分を多く含むソフトで手づくり風の高級ビスケットを指す。

また、ビスケットはもともとパンの一種で、遠洋航海の船員のための保存食として作られた。気候条件で変質しないようバターの成分を控え、味が一定の旨みを保つよう砂糖の量も少なめで、飽きがこないように工夫されている。そこがポイントだから、マリーは大正、昭和、平成と時代を超えて食べ継がれているのだろう。バターやジャムをつけてもいいが、飽きのこない素朴な味をそのまま楽しみたい。

【カンパン】009

「カンパン」でおなじみの三立製菓は大正十（一九二一）年、創業者の松島保平が中村氷糖の姉妹会社として静岡・浜松市に創立した。当初は金米糖やビスケットを製造していたが、昭和十二（一九三七）年からカンパンを売り出す。

ちなみに日本の保存食の第一号は、安土桃山時代の名将・伊達政宗が作らせた「南部せんべい」と伝えられる。いわゆる「乾パン」は天保十三（一八四二）年、伊豆韮山の代官・江戸川太郎右衛門が非常時に備え、保存できる軍用の携帯食としてパンを焼いたのが始まり。明治十（一八七七）年の西南戦争の時には、兵糧に困った官軍がフランス軍艦からカンパンの援助を受けたとか。

現在のカンパンは、昭和六（一九三一）年の満州事変で大量に必要になった際、陸軍の技官・川島四郎が作ったもの。欧米の携帯食料の長所を取り入れて日本的な要素を加え、「原料はすべて国産で間に合うもの」という前提で作られた。南部せんべいの発想からゴマが入れられ、小型で必要な分だけ歩きながらでも食べられるように工夫されているのが特徴だ。戦後、ほとんどのメーカーは生産を中止した。しかし、三立製菓だけは味の評判が良かったためか、農林省の非常対策用や防衛庁の指定も受けたので生産を続ける。今では国内で八〇％のトップシェアを誇り、カンパンといえば〝サンリツ〟というほど有名。淡泊で飽きのこない味は、非常食の役割をしっかりとわきまえているようだ。

【森永チョコボール】010

今でこそ、チョコレートを使ったスナック菓子は珍しくないが、「森永チョコボール」（当時はチョコレートボール）が売り出された昭和四十（一九六五）年当時は違った。フィンガーチョコやアーモンドチョコなどがあるだけで、あのポッキーでさえ発売はその三年後。チョコ菓子がポピュラーな存在ではなかったなかで、チョコボールは大人気となった。また、パッケージに描かれた小鳥の名キャラクター「キョロちゃん」がその人気をいっそう高めた。

発売当時は、ピーナッツ、キャラメル、ナッツチップの入ったカラーボールの三種類で値段は三十円。ピーナッツも美味しかったが、歯に粘りつく感じのキャラメルが記憶に残っている。さらに子どもたちの圧倒的な人気を呼んだ要因が、景品の「おもちゃのカンヅメ」。チョコ取り出し口の〝くちばし〟に金色のエンゼルが描かれていれば一枚で、銀色なら五枚で交換できたカンヅメは、子どもたちの憧れの的だった。

最初はまんがが本とおもちゃが入った「まんがのカンヅメ」だったが、昭和四十四（一九六九）年におもちゃが多種類入った「おもちゃのカンヅメ」に変わり、チョコボールは子どもの人気ナンバーワンというチョコ菓子の王座へ。遠足などには欠かせないおやつになった。これまでのカンヅメ当選者は二百万人を超えるという。カンヅメへの憧れとチョコボールの味が重なり合い、郷愁を覚える世代は幅広い。

【森永エンゼルパイ】011

チョコレートでもない、ビスケットでもない、ましてやケーキでもないハイカラな洋菓子。この「森永エンゼルパイ」が登場したのは一九六〇年代。当時としては、珍しい半生タイプで、食べた後の独得な〃しっとり感〃が人々をまず驚かせた。さらに、その微妙なチョコレート味といい、ボリューム感といい、家庭のおやつとしては画期的で、半透明のグラシン紙の小袋に一個ずつ包まれていたのも新鮮だった。「まるくてうまい、まるくて二十円」をキャッチフレーズにしたポスターが店先に掲げられ、エンゼルパイが売り出されたのは昭和三十六（一九六一）年のことである。今でこそ類似品が数多く出回っているが、エンゼルパイといえば、半生タイプの洋風菓子の代名詞となるほど愛され続けてきた。

ところで、エンゼルパイの名前の由来を知っている人はそう多くはないだろう。この菓子の特徴は、クッキーに挟まれたマシュマロにあるが、欧米ではマシュマロを〃エンゼルフード〃とも呼ぶ。また、一般的にパイとは小麦粉を練ったものをさし、組み合わせて〃エンゼルパイ〟と命名したという。当初はバニラ味だけだったが、夕張メロン味（北海道限定販売）など地域限定の味も人気を呼んでいる。

とはいえ、昔からのファンは、マシュマロがしっかり挟まったスタンダードなバニラ味を好む人が多い。独特の食感がなぜかノスタルジーを誘うのだ。菓子への愛着というのは、幼年時代にインプットされることが多く、普段は潜在意識の中で眠っている。けれどもかみ心地や歯ざわりなど、ふとしたきっかけで呼び起こされることが多いようだ。

【森永チョコフレーク】012

食べ始めるとやめられないスナック菓子のなかでも、ひときわ止まらない美味しさの「森永チョコフレーク」。朝食代わりに食べるコーンフレークにチョコレートをまぶしただけなのだが、カリカリとした歯ざわりが良くて癖になる。

チョコフレークが売り出されたのは昭和四十二（一九六七）年九月。テレビでは、人気バラエティー番組「シャボン玉ホリデー」が三百回を迎え、音楽ではグループサウンズが最高潮の人気を博していた時代である。

森永製菓社内でアイデアマンとして知られた故・柳生平八専務は「栄養価が高く、しかも美味しく食べられる菓子を作れば絶対売れる」と確信。コーンフレークにチョコレートをかけたチョコフレークを製品化するが、当時は板チョコの全盛時代。「ただ売り出したのでは売れるはずがない」と、英国のトップモデル、ツイッギーをCMに起用した。チョコフレークを持つ彼女がミニスカートに長い脚でさっそうと歩き、「ツイッギータッチのかるいチョコレート」と歌うCMを覚えている人も多いだろう。ミニスカートが大流行のせいもあってCMは大反響を呼び、チョコフレークは発売から半年で約三十億円を売る大ヒット商品となった。

ところが、チョコフレークの弱点は、チョコレートが溶けやすく手にベタつくこと。受験生のおやつに愛されてはいたものの、鉛筆を持つ手には不向きで、発売から数年後に改良される。原料となるココアバターの結晶を分解しづらくすることで、チョコレートを溶けにくくしたのだ。ストロベリー味やチョコフレークバーなどシリーズ商品も登場して、ウルトラマン兄弟のように多彩になっている。けれども、やっぱり愛着を感じるのは、このメキシカン調のパッケージが強烈な箱入りだ。

時代がお菓子を作ったのではなく、お菓子が時代を招いた。久し振りに食べてみようか——。

【グリコ】 013

昔から「グリコ」のキャラメルは、育ち盛りの子どもの憧れの的だった。有名な〝一粒三〇〇メートル〟のキャッチフレーズのせいか、一粒でも食べると元気が出るような気がしたし、何よりもオマケの箱を開けるときの期待が子ども心を揺さぶったからだ。思いがけないオモチャが入っていたときの喜びと、不運にも同じものを見つけたときの落胆を、今も忘れられない人は多いことだろう。

ところで、グリコはもともと栄養菓子として発売された。創業者の江崎利一が、漁師が捨てていたカキの煮汁からヒントを得て、カキに多く含まれている糖質のグリコーゲンを商品にすることを思いつく。キャラメル製造では全くの素人だったが、試作を繰り返し、なんとか製品が仕上がったのは大正十（一九二一）年のこと。

発売にあたっては、キャラメルの形までこだわり、当時としては珍しいハート形に決める。トレードマークは、神社の境内でかけっこしていた子どもが、両手を大きくあげてゴールインする姿からもらい、初代マークは自らが原画を描いたという。有名なキャッチフレーズは、佐賀から汽車に乗るときにほおばると、博多に着くまで長持ちすることから「博多まで」と呼ばれていた大きなあめ玉がヒント。グリコの栄養価をカロリー計算すると、およそ二〜三百メートルは走れる。五百メートルでは大げさだし百メートルでは弱い。三百メートルなら語呂も良く、真実に近いし、ゴールインマークにぴったりなので決めた。

　こうしてさまざまな工夫が凝らされたグリコは、大正十一（一九二二）年、大阪の三越から十粒入り五銭と二十粒入り十銭の二種類が売り出された。オマケがつくのは五年後からだが、以来八十年余り、グリコは世代を越えて愛され続けている。

【ミルキー】014

「ミルキーといえばペコちゃん、ペコちゃんといえばミルキー」というほど、幼い頃からなじみの「ミルキー」。歯にくっつくのは難点だが、マイルドな甘さで、今でも食べ始めるとやめられない。そもそも不二家は、初代社長の藤井林右衛門が明治四十三（一九一〇）年、横浜に洋菓子店を開いたのが始まり。大正七（一九一八）年には、日本で初めてシュークリームとエクレアを販売している。「これまでだれも手をつけていない独特の味を創造したい」と考えた林右衛門は、戦後いち早く水飴と練乳の製造をスタート。この二つを結びつけた新製品を思い立ち、試作を繰り返して昭和二十六（一九五一）年、ミルキーを完成させた。当初は「ジョッキー」だったが、新鮮なミルクが主原料なので、ＭＩＬＫＹ（乳を混ぜた）の方がわかりやすいと名前を変更、翌年に全国発売したところ、全く新しい美味しさ、豊富な栄養、それに十円という低価格の三拍子が揃い、瞬く間にヒット商品となる。

しかし、ヒットの陰には不二家の看板娘ペコちゃんの存在も大きかった。ミルキー発売の前年に誕生したペコちゃんは、当時の雑誌や写真を参考にして女の子をデザイン化したもの。名前は仔牛の愛称「べこ」に由来、ネーミングの良さと可愛さで子どもと母親に絶大な人気を博した。さらに翌年、ボーイフレンドのポコちゃんが生まれ、こちらは東北地方の方言で子どもを意味する「ぼこ」を西洋風にアレンジした。こうして、不二家の名前を全国的に広めたペコちゃん・ポコちゃんコンビは、今も全国で健在ぶりを発揮。ちなみに、この二人には年齢があり、ペコちゃん六歳、ポコちゃん七歳。永遠に齢をとらない二人に、羨望を感じる大人も多いことだろう。

【パラソルチョコレート】015

チョコレートの種類は数多くあれど、「パラソルチョコレート」ほど時代を超えて子どもたちに愛されている製品も珍しい。丸でも三角でもなく、カサの形をしているというだけで可愛らしさが伝わってくる不思議なチョコレートだ。それだけに、銀紙をむいたらカサの先が折れていてガッカリしたなどという経験を持つ人も多いだろう。このチョコレートが世の中に登場したのは、昭和二十九（一九五四）年九月のこと。当時は価格十五円のバラ売りだったので、子どものお小遣いで気軽に買えた。もっとも、キャラメルなら十円で何個も入っているのに、これは一本きりなので物足りなさは残ったが……。

明治四十三（一九一〇）年、洋菓子店でデビューを果たした不二家は昭和九（一九三四）年に発売したフランスキャラメルが大ヒット。続いてハートチョコレートの生産をスタートさせ、アイドルのペコちゃんが誕生した。ミルキーが発売されるのは翌年だから、チョコレートの生産自体はかなり早かったことになる。

昭和三十四（一九五九）年には、アメリカの有力なスーパーマーケットの要望で、パラソルチョコの輸出が決まり、九月中旬に第一回の積み出しが行われた。独自に考案されたパラソル型のスタンドに、たくさんのパラソルチョコがディスプレーされてカナダやアメリカに渡り、業界としては画期的なことだったという。

さて、昭和四十年代の終わり頃は一本二十円だったパラソルチョコだが、現在は五十円。ミルクチョコレートは少し甘い気もするが、子どものおやつには向いているのかもしれない。ともあれ、パラソルチョコの大きな魅力は、何よりも手を汚さずにチョコレートを食べられること。だからこそ、今も子どもたちから絶大なる支持を得ているのだろう。

【明治ミルクチョコレート】016

あまりにたくさんの種類が発売されると、どの銘柄を選ぶといいか分からなくなり、必然的に昔からなじみのものを選んでしまう、という場合がある。

セピア色のパッケージが郷愁を誘う「明治ミルクチョコレート」は、大正十五（一九二六）年に誕生した国産第一号のチョコレート。ドイツのチョコレート技師ロバート・キャスパリを招き、本格的な生産を始めた明治製菓から発売された。

盛りソバ一杯の値段と同じ十銭、それに二十銭と七十銭のものも売り出されたが、実はといえばあまり売れなかった。洋服姿の子どもでさえ珍しい大正時代に、チョコレートは新し過ぎたのである。人気が出始めるのは戦後になってから。進駐軍が持ち込んだ「ハーシー」のおかげでチョコレートが日本人に認知され、昭和三十年代には「作れば売れる黄金時代」を迎える。ガーナを中心に西アフリカ産の原料を吟味して、甘すぎない大人の味が生まれ、ケーキ作りにも使われるほど人気を呼んだ。

当時のチョコレートは、クリスマスや誕生日など特別な日にしか買ってもらえない高級なおやつだった。それだけに、ひとかけ、ひとかけ嘗めるように食べたものだ。甘いものが氾濫して、それほどチョコレートに感動しない世代にはわからないかもしれない。四半世紀にわたって販売量が伸び続け、ピークに達するのは昭和五十六（一九八一）年のこと。

定番中の定番ともいえるミルクチョコだが、最近は頭打ちという。しかし、ミルクチョコの場合、単なる郷愁だけではなく、今食べても本当に美味しく感じられるから不思議。まろやかで飽きのこない味とでもいおうか。スーパーマーケットはもとより、キオスクや駄菓子屋にまで並ぶミルクチョコは、まさに板チョコの王者である。その風格が、セピア色のパッケージからも伝わってくる。

【チェルシー】017

テレビCMの名セリフ「あなたにもチェルシー、あげたい」が印象的な「チェルシー」。ブラウン管ではスコットランドの田園風景を背に金髪の女の子が日本語でしゃべり、いつまでもその独特なアクセントが耳に残ったものだ。

発売は昭和四十六（一九七一）年、ネーミングはロンドンのテムズ川流域にあるチェルシーという街の名前に由来する。一九七〇年代初めといえば、ビートルズ全盛時代でもあり、若者たちの流行の発信地はロンドン。カラフルな箱のデザインは人気だったサイケデリック調の花柄をヒントにした。

チェルシーが画期的だったのは、「キャンデーは丸い」という常識を覆して四角にしたことだろう。バタースカッチとヨーグルトが同時発売されたが、フルーツ味のキャンデーが多い中、独特のバター風味は新鮮。空気が入りにくい独自の製法で作られているため、これまでのキャンデーとは異って、なめらかな舌触りであることも人々を驚かせた。

さらに斬新だったのは、ポケットサイズの箱入りで売り出されたこと。「ダンヒルやケントなど、シガレットケース感覚で開けるというのが狙いでした」と同社広報部。CMといいパッケージデザインといい、ルーツがスコットランドならではの洋風スタイルが、時代にマッチしたのだろう。当時としては破格の高い値段（百円）で発売されたが、爆発的な人気を呼ぶ。

ところで発売以来、味は変わりなく思えるが、原料のバターを軽めにしたり、ヨーグルトをプレーンなものにしたりと、嗜好の変化に合わせて少しずつ調整しているという。その後はフルーツヨーグルト（三種類）やカロリーを三〇％カットした「バタースカッチＬｉｇｈｔ」を発売。そのパイオニア精神は、止まるところを知らないようだ。

【ビスコ】018

派手さこそないが、遠足やハイキングのお供に息長く愛されている「ビスコ」。サクサクとした歯ざわりのクリームサンドビスケットで、「おいしくてつよくなる」というキャッチフレーズがなんとも懐かしさを感じさせる。

日本初の酵母菓子として売り出されたのは昭和八（一九三三）年のことで、価格は十銭だった。昭和五（一九三〇）年に橋谷義孝博士が、酵母の栄養効果として「胃腸の機能を良くして消化吸収作用を盛んにするとともに、腸内の発酵を防ぐ働きがある」ことを発表。それを知った江崎グリコの創業者・江崎利一は、酵母を菓子に入れることを思いつく。

ところが、南米チリから帰国したばかりの弟・清六は「日本在来の菓子に入れるより、日本に輸入されつつある外国の新しい菓子の方が良いのでは……」と提案。そこで利一は、数ある菓子の中からビスケットを酵母利用製品の候補に選ぶ。しかしビスケットの欠点は、高温で焼くので酵母菌が死んでしまうことだった。「それならクリームサンドビスケットにして、クリーム部分に酵母を入れたらどうか」と考えたのである。

こうして、酵母入りのクリームサンドビスケットのビスコが生まれたが、ネーミングは酵母ビスケットの略称「コービス」を逆さにしたもの。グリコと語呂があい、ともに八画で末広がりだったことから名づけられたという。

戦時中には一時生産をストップしたが、昭和二十六（一九五一）年から再開。二十円で売り出し、同二十八（一九五三）年にはビタミンA、B1、B2、カルシウムが強化されたため、特殊栄養食品に認定されている。ちなみに、牛乳で練り上げたクリームサンドの大型ビスコが登場したのは同六十三（一九八八）年のこと。

【カルミン】019

思いおこせば、小学校の遠足に欠かせないおやつが「カルミン」だった。
小さくて丸い筒形のカルミンは、軽くて味も長持ちするので子どもに人気。パッケージも、ブルーの地にバックが赤の黄色い文字が左から斜めに走り、鮮烈な印象を残したものだ。子どもたちの間では、だれが最後まで薄くなめられるかを競う、いわゆる

〝カルミン競争〟も行われた。最高の栄誉に輝くのは、なんたってドーナツ型に薄く穴が開けられた子どもである。

カルミンの歴史は古く、大正十（一九二一）年に五銭で東京菓子（明治製菓の前身）から発売された。面白いのは当時の広告コピーで、「カルシウム入　清涼錠菓五銭賣（銀紙包）發賣」。カルミンのネーミングは、軽いペパーミントの略と思い込んでいたが、実はカルシウム入りペパーミントという意味なのである。

また、商品の紹介宣伝をする同社の月刊誌「スヰート」〈大正十二（一九二三）年発行・創刊号〉には、こう書かれている。「自分はカルミンを口中に味わひつゝ詞を考えふると口中が涼味を學（おぼ）え精神が爽快になりて感想が續々と出る」。東京に住む医者で、呉山と称する詩人が寄せた一文であるとか。

そのころ、錠菓と呼ばれる菓子はいろいろあったが、カルシウム入りは珍しく、カルミンの発売は画期的だった。宣伝には、ロイド眼鏡で有名なアメリカの喜劇俳優ハロルド・ロイドが起用され、ハイカラな雰囲気も演出された。

大きさといい値段といい、いつの時代も子どもたちの〝遠足の友〟であるといえよう。

【キャラメルコーン】020

「キャラメルコーン」を食べたことのない人でも、あの独特な尻上がりのイントネーションで流れる「♪キャラメルコーン」の

CMソングは知っているだろう。なんといっても、いまだに東ハト自ら社内電話の保留メロディーに使っているほど親まれた曲なのである。

このCMソングとともに、キャラメルコーンは昭和四十六（一九七一）年に華々しく登場。大粒のコーンにミルクキャラメルがコーティングされたスナック菓子で、その軽やかさが時代にフィットしたのか、予想以上に売れた。移り変わるおやつの中でも、大ヒットで市民権を得たものとそうでないものがあるが、これは定着したものの典型だろう。

もともとアメリカには「クラッカーグリッツ」という名前のキャラメルをかけた菓子はあったが、このキャラメルコーンは東ハトが考案したオリジナル製品。「一袋すべて甘いキャラメルコーンだと飽きられるかもしれない」と、塩味のピーナッツが入れられており、これがミルクキャラメルの甘さを引き立てている。

昭和二十七（一九五二）年に創立された東ハトは、英字ビスケットの製造でスタート。創業時の社名は「東京製菓」であるが、戦後の復興期には同名の会社が多かったため、先代社長の好きな鳥で平和のシンボルでもある鳩を屋号として「鳩印東京製菓」に変更。

ところが、電話の普及していない時代なので問屋からの注文は電報が多く、「ハトジルシトウキョウセイカ」では電文として長過ぎる。いつしか問屋から「ハトトウ」「トウハト」と呼ばれるようになり、昭和二十八（一九五三）年から「東鳩東京製菓」に社名を変えた。

「雷おこし」001　名前は浅草寺の雷門に由来、江戸時代から愛されているお菓子。製造元の常盤堂の電話番号の下四ケタは五六五六、さすが老舗だ。

［名菓ひよ子］002　和紙風の薄い紙にひとつずつ包まれた大正生まれの銘菓。当時は画期的といわれた立体的な形が特徴で、どこから食べるか迷う人も。

［おもかげ］003　絶妙なネーミングと竹皮に包まれたクラシックなパッケージで、黒砂糖の味が自慢。ずっしりと重く、老舗の虎屋らしい風格が漂う。

「白松がモナカ」004 皮の繊細な気泡が、この最中の美味しさの秘密。生きている気泡があんの水分を静かーに吸い取り、あんと皮の一体感が生まれるという。
「文明堂のカステラ」005 洋菓子には珍しく、バターもミルクも使わないのがカステラの特徴。上部の焼き色のツヤが、いかにも美味しそう。

［梅ぼ志飴］006 名前とは違って、梅の味は全くしない不思議な飴。赤い飴にべっ甲色の飴を混ぜているのは配色のため。その細やかな心づかいがうれしい。

［カンロ飴］007 老いも若きも愛する独特な醤油味が生かされたカンロ飴。これまでの生産数は優に一千億粒は超えるという。

「森永ビスケットマリー」008　同じ機械を使用するため、この名のビスケットは世界中どこでも同じ形だという。甘さを抑えたシンプルな口あたりが特徴。このパッケージは平成四年のもの。

「カンパン」009　保存期間は缶入り五年、袋入り十カ月がめやす。消化吸収が早いのと、携帯に便利なのがいい。

［森永チョコボール］010　息長く愛され続けているキャラクターのキョロちゃん。子ども時代に一度は憧れた缶詰のおもちゃ。でも、中身はヒ・ミ・ツ。このパッケージは平成六年のもの。

［森永エンゼルパイ］011　半生タイプ洋菓子の代名詞となっているエンゼルパイ。マシュマロならではの噛み心地が長らく愛されている理由かも。

［森永チョコフレーク］012　板チョコ全盛時代に、画期的な登場で人々を驚かせたスナック菓子。ワクワクする気持ちで箱の上のジッパーを開けたもの。
［グリコ］013　オマケが人気で、今はプラスチックだが、懐かしいモールやブリキの時代もあった。一粒で〝三〇〇メートル〟走れるとか。

［ミルキー］014　赤い舌をペロっと出すペコちゃんは、誰からも愛される不滅のキャラクター。昔のミルキーは、ペコちゃんの目玉がセルロイドで動いた。

［パラソルチョコレート］015　色とりどりのパラソル型に、幼ごころがときめいたもの。ていねいに銀紙をはがさないと、カサの先が折れてしまうのが悲しかった。

【明治ミルクチョコレート】016 幼い頃は高級なおやつ。セピア色のパッケージは何回か変更されているが、このイラストは有名なデザイナー亀倉雄策が手がけた平成四年のもの。

【チェルシー】017 シガレットケースがイメージされたという箱入りは、今でも斬新！ サイケデリック調のデザインから七〇年代の空気が匂い立つ。

〔ビスコ〕018　昭和八年の初代から数えて四代目のビスコ坊や。オレンジ色の地に大きな白抜きの円が、昔から変わらないビスコのデザイン。
〔カルミン〕019　昭和四十三年発売のイチゴカルミンも一時、子どもたちの間で爆発的な人気を呼ぶ。それにしても、昔の方がミントの味がきつかった気がする。

［キャラメルコーン］020　発売から変わらない真っ赤なパッケージが目印。単純でわかりやすいネーミングが、親しみやすさを生む要因だろう。甘いコーンの合間から顔を出す塩味のピーナッツが隠し球。

「かっぱえびせん」021 飽きのこないシンプルな塩味がロングセラーの秘密。「やめられない、とまらない」味の原料は、小麦粉、エビ、植物油、食塩の単純な四つ。シンプル・イズ・ベストかな。このデザインは平成十年十月から使用。

［揖保乃糸］022　揖保乃糸のヒネ（古）物といえば、その年に作った製品をさらに一年熟成させた最高級品。パッケージの裏に生産者番号が打ち込まれ、責任の所在が明示されている。

［田丸屋のわさび漬］023　製品はいろいろあるが、この木製の樽詰めが「わさび漬」らしさを色濃く感じさせる。一瞬のうちに鼻に抜ける風味と辛みが、食欲を増進させてくれるのだ。

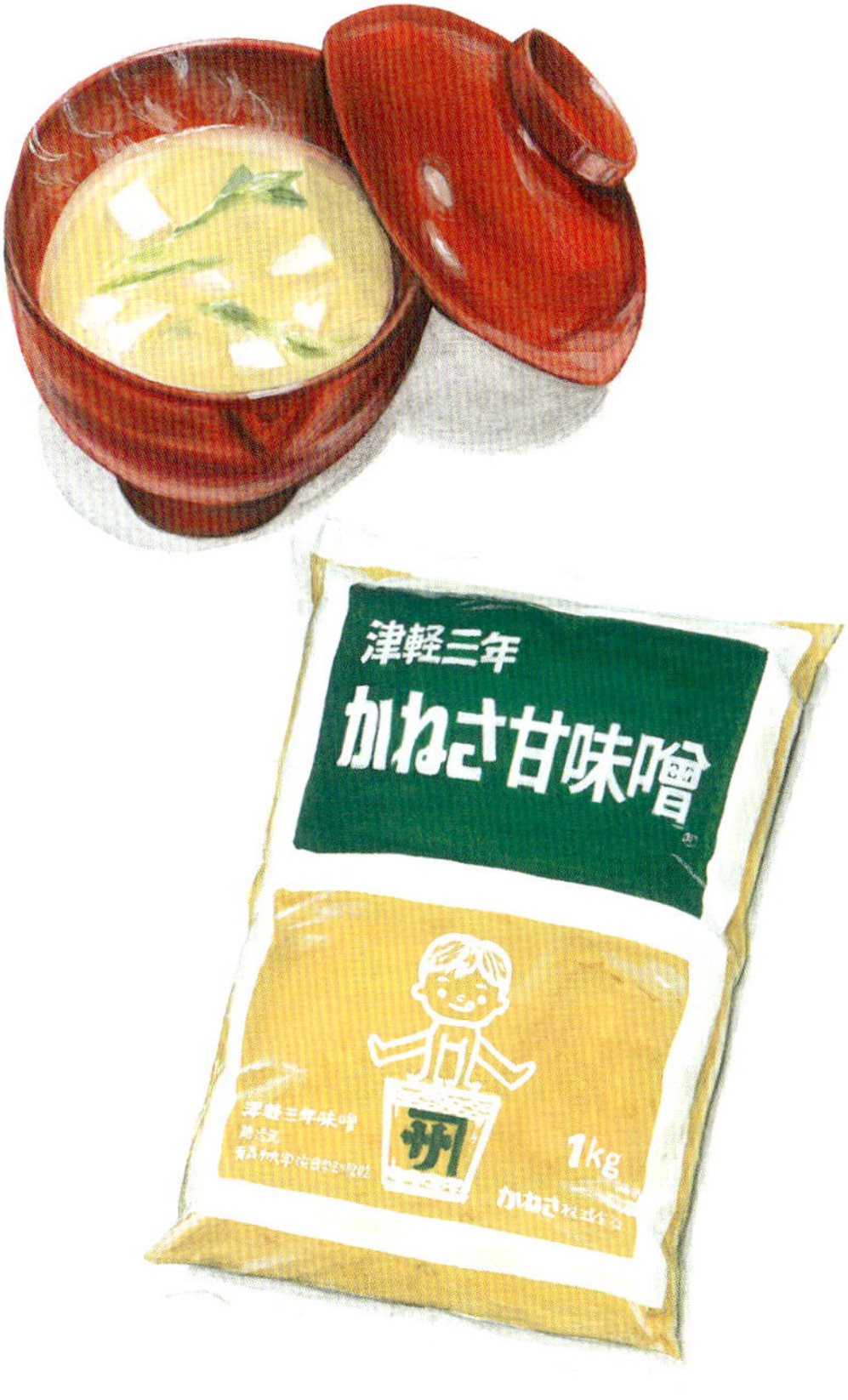

［かねさ甘味噌］024　樽を飛び越す男の子は、かねさ創業以来のトレードマーク。北海道では、米こうじを使ったさっぱりとした味が人気とか。

〔キッコーマンしょうゆ〕025　おなじみ「亀甲萬」の六角が、キッコーマンのトレードマーク。日本が世界に誇る偉大なソースだ。

〔純正ごま油〕026　ラベルにある〃安政五年創業〃の文字が、圧倒的な迫力を持つ。社名の「かどや」は、角に店があったことに由来する。

その後も数回社名を変更し、平成八（一九九六）年に東ハトとなり、現在に至っている。

東ハトブランドには「オールレーズン」「ハーベスト」など人気商品は数多いが、なんといってもナンバーワンはキャラメルコーン。子どもたちにとって歴代のおやつとして、すっかり茶の間に定着している。

【かっぱえびせん】021

なぜか、天売・焼尻島の海鳥も大好きな「かっぱえびせん」。あまりにポピュラーなスナック菓子だが、誕生したのは昭和三十九（一九六四）年一月である。そもそもカルビーは明治三十八（一九〇五）年、現名誉会長の先々代・松尾寿八郎が広島で「柿羊羹」を製造したのが始まりの会社。昭和二十四（一九四九）年当時の社名はなんと、松尾糧食工業といういかめしいもので、キャラメルや飴菓子を製造していた。

えびせん生みの親である初代社長の松尾孝は、もともとエビの天ぷらが大好物。なんとかこの美味しさをお菓子に生かしたいと考え続け、瀬戸内海でとれる小エビに着眼、工夫を重ねて作り上げたものだ。つまり、えびせんの原点は、小エビを丸ごとかき揚げしたエビの天ぷらにあったのだ。

ちなみに〝えびせん〟とはエビ入り煎餅のことだが、頭の〝かっぱ〟はどういう意味だろう。昭和二十年代に人気を博した社会戯画「かっぱ天国」がルーツで、清水崑画伯に許可を得て、カルビー製品のキャラクターとして使用したのが始まり。だから当時の製品には「かっぱあられ」「かっぱあめ」など、すべて頭にかっぱがついたという。なかなかヒット商品に恵まれなかったカルビーだが、えびせんの大ヒットで浮上。さらに昭和五十（一九七五）年にポテトチップス、同六十四（一九八九）年にシリアルを発売し、今やスナックメーカーとして確固たる地位を築く。

ところで、吉本ばななは小説『キッチン』で「バターしょうゆ味のポテトチップスは昭和の銘菓である」と書いていた。しかし、押しも押されもせぬ昭和の銘菓の王者は、このえびせんであると心ひそかに思う。確かに「やめられない、とまらない」のCMも見事だったが、飽きのこないシンプルな塩味が長寿商品の秘密だろう。

第二章 食多種多彩
たべものミュージアム

ヒトは百年前から食べていた、ヒトは百年後にも食べている。不滅の逸品ここにあり――。

【揖保乃糸】 022

恥ずかしながら、和風麺では一番細い素麺《そうめん》と少し太い冷や麦の違いは、サイズだけと思っていた。ところが、素麺は小麦粉に食塩水を加えてこね、植物油を塗り細く引き伸ばして日光で乾かしたもの。一方の冷や麦は、細打ちうどんの乾麺のこと。つまり、素麺が温めて使われるのは、引き伸ばした麺なので腰が強いせいだろう。

ところで素麺の歴史は古く、奈良時代に唐から渡来した「索餅《さくへい》」という菓子が祖型と伝えられる。この索餅が「索麺」となり、やがて素麺となる。鎌倉・室町時代には上流社会の宴に登場した貴重なもので、とりわけ七月七日に食べると大病にかからないとまでいわれた。「揖保乃糸《いぼのいと》」は、童謡「赤とんぼ」の詩人・三木露風の故郷である兵庫県龍野市を中心に、揖保川流域の農家が冬の農閑期に副業として始めたもの。瀬戸内海へ注ぐ揖保川流域で生産される良質な小麦を水車で粉にひき、赤穂浪士で知られる赤穂の天塩を加え、手延べ素麺に加工した。

スタートは文化年間で、揖保乃糸の生産・販売組織である兵庫県手延素麺協同組合は、昭和六十三（一九八八）年に創立百周年を迎えている。この組合が責任をもって管理しているせいか、揖保乃糸は今でも「播州（兵庫県）手延素麺」と銘打ち、二日間がかりという昔ながらの製法を守り作られている。しかも素麺の生産は寒い時期に限り、その前後はうどんや冷や麦を作り、六～八月はすべての生産を休む。手間をかけているからこそ、腰があって舌触りも良く、麺好きにはたまらない美味しさなのである。

【田丸屋のわさび漬】023

東京帰りの羽田空港で買い求めたくなるお土産のひとつは、なんといっても「田丸屋のわさび漬」である。十文字にひもで縛られた平樽の古風なパッケージを見ただけで、矢も盾もたまらず手を伸ばしてしまう。

静岡名産のわさび漬けだが、そもそもの発祥は、江戸時代後半の宝暦時代にさかのぼる。行商人が安倍川上流のわさび産地に出入りしているうちに、村人からわさびの茎のぬかみそ漬けをご馳走になり、その独特の風味と辛さに魅せられたのが始まりという。やがて、ぬか味噌漬けのほかに、塩漬け、味噌漬け、酒かす漬けなど、さまざまな味が試みられ、現在のわさび漬けの原型が生まれた。

数ある静岡のメーカーの中でも老舗の田丸屋は、明治八（一八七五）年、初代の望月虎吉が静岡市内で佃煮・漬物の製造販売をスタートしたのがその始まり。東海道本線が開通した直後の明治二十三（一八九〇）年には、静岡駅の駅弁にわさび漬けを添えて大好評を博す。そして同三十五（一九〇二）年、わさび漬けの容器として平樽を考案。それまでの大八車による量り売りをやめ、サワラで作った円形の化粧樽にわさび漬けを詰め、列車の窓から旅人に売り込んだ。このユニークな「樽詰めわさび漬け」が旅人たちの評判を呼び、たちまち田丸屋のわさび漬けは全国に広まった。以来百年余り、今や全国のトップブランドになるまで成長を遂げている。

ところで、田丸屋のわさび漬けの魅力は、一瞬のうちに鼻に抜けるわさびの辛みと風味にある。醤油を少し垂らして、炊き立てご飯にのせて食べても良し、日本酒の肴につまんでも良し。「これぞまさしく日本人」と実感できる奥深い味が、旅人の心を捕らえて離さない。何度食べても、飽きのこない味なのである。

【かねさ甘味噌】024

日本人のライフスタイルがどんなに洋風化しようとも、食卓におけるみそ汁の存在は不滅だ。炊き立ての白いご飯に焼き魚、焼きノリ、梅干し、漬物、そしてみそ汁があれば、正しい日本の朝ご飯が完成する。もしみそ汁が欠けていたなら、朝ご飯は成立しない。

味噌の種類は数え切れないほどあるが、今でもビニール袋入りでスーパーマーケットの店頭に堂々と並ぶ味噌といえば、この津軽三年「かねさ甘味噌」が筆頭。ほとんどがカップ詰めの時代に、店頭にデーンと寝そべるのがいかにも〝人気商品〟という感じだ。

姉妹品「ね太郎」でもおなじみの「かねさ」は、明治八（一八七五）年、初代・阿保定吉が味噌・醤油の醸造を手がけたのが始まり。昭和二十七（一九五二）年には、青森市大字浦町にかねさの前身である阿保味噌醸造を設立している。

なぜこのかねさ甘味噌が北海道で人気なのだろう。同社札幌営業所によれば、「色が白くてさっぱりとした味が、北海道の気候に合っているのでしょう」。このシンプルな味は、みそ汁はもとより豚汁や鍋物など何にでも合うのが最大の魅力だ。また、昔から米のこうじを使った味噌を重宝する北海道の人は贅沢で、九州では大麦のこうじ、名古屋では小麦のこうじ、信州や東北では豆のこうじを使った味噌が一般的だとか。

ともあれ、厳冬の季節になると、身体の温まる料理が恋しくなるもの。スキー場で味わう豚汁や吹雪の日に食べるみそラーメンの美味しさは格別だ。

【キッコーマンしょうゆ】025

別名「むらさき」と呼ばれ、世界的に有名な日本のソースである醤油。メーカーは星の数ほどあるが、世界に羽ばたくブランドといえばキッコーマンだろう。

キッコーマンの前身・野田醤油は、大正六（一九一七）年、千葉県野田市の醸造家が合同で設立した会社である。野田市は江戸時代初期、江戸川と利根川にはさまれた豊かな自然を背景に醤油醸造が始まった土地で、「醤油のふるさと」と呼ばれている。

そこから育ったブランドが「亀甲萬《きっこうまん》」で、ネーミングは千葉県佐原市にある「亀甲山鹿取神宮」の〝亀甲〟と、縁起のいい「鶴は千年、亀は万年」の〝万〟に由来するという。その後、昭和十五（一九四〇）年までに、およそ二百余りの商標がすべてキッコーマンに統一された。以後、順調に売り上げを伸ばし、今や日本のトップブランドに成長している。同三十二（一九五七）年には、海外進出をめざして、アメリカのサンフランシスコに子会社を設立。さらに四年後、卓上瓶が売り出される。この卓上瓶は平成五（一九九三）年、通産省のグッドデザイン賞を受賞している。デザインの美しさはもとより、醤油が垂れず持ちやすく、あらゆる家庭に浸透しているのも納得できる。

醤油とは小麦と大豆で造った醤油こうじと食塩水を原料に醸造したものであり、塩味に大豆の旨みが溶けこんでいる。和食だけでなく洋食や中華にまでよく合う秀れものだ。海外旅行で料理が口に合わないとき、携帯用の醤油をこっそり使ってみるとこれがいける。

日本にいると身近にあるので気づかないが、海外で使ってみると、醤油が〝偉大なソース〟であることを認識させられる。今では世界百カ国余りで使われているという醤油。〝日本のむらさきから世界のむらさき〟へと成長した陰に「キッコーマンあり」といえるだろう。

中華料理に欠かせないモノと問われれば、おおかたの人はゴマ油と答えるだろう。料理に不案内な人にはあまり関係ないが、中華料理の仕上げにひとふり、酢との合わせ技でサラダのドレッシングになど、ゴマ油が料理に果たす役割はとても大きい。

【純正ごま油】026

ところで、「純正ごま油」のラベルに安政五（一八五八）年創業と銘打つかどや製油は、古い歴史を有するゴマ油の専門メーカー。そもそもは、四国の小豆島で特産品の高級素麺にゴマ油が使われたことに端を発し、加登屋製油所が設立されたのが始まり。創業百年目を迎えた昭和三十二（一九五七）年には、それまでの個人経営から法人に切り替え、社名も前身の加登屋製油とした。いずれにしても創業以来〝ゴマ〟ひとすじに打ち込んできた会社ということもあり、トップメーカーとして他社の追従を許さない。

ちなみに、今でこそ胴のくびれた柔らかな曲線の瓶は一般的だが、このスタイルを日本で最初に導入したのも同社である。家庭用ゴマ油と本格的に取り組むにあたり、初代・小澤直平社長が海外視察した際、そこで初めて胴のくびれた瓶形を見た。それまでは、醤油であれ酒であれ、注ぎ口が細いだけのずん胴型瓶が当たり前だったのだ。海外で見た瓶にヒントを得て独自に開発したのが今の瓶形で、これは意匠登録されている。なるほど、かどやの純正ごま油以外に、こんな形をした瓶を見たことがないわけだ。

派手な存在ではないけれど、昔から主婦の味方です――。

サラダや和えものに使われ、戦後生まれにはおなじみのマヨネーズだが、戦前はなんと「鬢《びん》つけ油」に間違えられることもあったという。チーズと同様、日本人の食生活に定着するには少し時間の要した食品なのだ。

【キユーピーマヨネーズ】027

マヨネーズの誕生には幾つかの説がある。中でもイギリスと交戦中だったフランス軍元帥リシュリュー公が一七五六年、地中海にあるミノルカ島を占領した時に発見したというのが有力だ。ミノルカ島にあるマオン港の人たちが好んで食べる調味料を、フランス人が地名にちなんでマオネーズ（MAHONNAISE）と呼び、それがいつしかマヨネーズ（MAYONNAISE）となってヨーロッパ全体に広がったというわけだ。

マヨネーズが、日本で初めて売り出されたのは大正十四（一九二五）年のこと。キユーピーの創業者である中島董一郎は、海外実業練習生としてイギリスで缶詰の加工技術を学び、後にアメリカへ渡って一年余り滞在。その時に食べたポテトサラダの味が忘れられず、「帰国後にマヨネーズを作ろう」と決意を固める。帰国後の大正八(一九一九)年に食品工業を設立するが、日本でまだマヨネーズは一般に知られていない。時期尚早と機会を待ち、六年後に当時人気のキューピー人形にちなみ、「キユーピーマヨネーズ」と名づけて販売を始める。

ところが、当初の売れゆきはかんばしくなく、昭和十六(一九四一)年頃にようやく売れゆきが伸びたところで、第二次世界大戦のため生産を中止。飛躍的に発展するのは戦後で、食生活における洋風化の波に乗り大きく成長、同三十二(一九五七)年には社名もキユーピーに変更している。今ではマヨネーズなしの食生活は考えられないほど浸透しているが、日本初の生産メーカーがキユーピーであることは意外と知られていない。

【ブルドックソース】028

野菜サラダといえば、フレンチや中華のドレッシングがよく使われるが、昔はマヨネーズかウスターソースが一般的だった。キャベツやトマトに、ウスターをたっぷりかけて食べた経験をもつ人も多いだろう。椎名誠のエッセイ集『気分はだぼだぼソース』には、そんなソースへの偏愛ぶりが事細かに書かれていておもしろい。

そのウスターだが、そもそもはイギリス・ウスターシャ地方のとある家庭で偶然に生まれた。その家の主婦が、残った野菜や果実の切れ端に塩や香辛料などをふりかけて保存したところ、数カ月後には自然の発酵作用で食欲をそそる芳香を漂わせていた。どの料理に応用してもよく調和するので評判となり、今から約百七十年前、イギリス地方のウスター市で工業的に造られたのが初めてといわれる。日本では幕末の開港期にもたらされたが、似たような色の醬油があるせいか、なかなか普及しなかった。明治期のカツレツやコロッケに使われたが、酸味や香辛料が強すぎて評判はかなり悪かった。これに手を加え、日本人の口に合うソースが造られたのは明治後期のことである。

犬のマークの「ブルドックソース」は、明治三十八（一九〇五）年、三澤屋商店から発売された。これを機に創業した三澤屋商店は、大正時代の終わりに製造と販売を分離して、「ブルドックソース食品」を設立。ちなみに、マークの由来はウスターもブルドック犬も故郷はイギリスであり、当時はブルドック犬が人気絶頂のペットだったことから命名された。やがて「ブルドック」の名前は、ソースの代名詞になるほど親しまれる。

それにしても最近は、ウスターより遅れて戦後に発売された濃厚ソース（とんかつソース、中濃ソース）の方が人気は高い。果実類を主原料としているので甘口なせいか、女性や子どもたちにもウケている。時代によってソースの人気も異なるらしい。

【クレードルのアスパラガス】029

今でこそアスパラガスといえばグリーンアスパラが主流だが、昔はホワイトが当たり前だった。どちらも根元は同じで、地表に伸びて光を浴びたのがグリーン、土を寄せて太陽光線をさえぎったのがホワイトである。前者は生食用、後者は缶詰め用というところだが、かつてはホワイトも家庭で食べた。しっかり茹でてフキのように皮をむき、アク抜きをしてからマヨネーズなどを添えて食したのだ。だから、現在のようにグリーンがアスパラの王道のように思われると少し残念な気もする。

ところで、アスパラが日本に到来したのは幕末の頃で、オランダ船が長崎奉行に献上したのが最初。北海道に入ってきたのは開拓使当時で、その後、後志管内岩内町出身の下田喜久三が改良を重ねる。肥料商の家に生まれた下田は、東京・上野の薬学校（今の薬科大学）を出て家業を継ぐが、大正二（一九一三）年の冷害を体験。「冷害に強くて生産過剰でも輸出できる製品」を求め、アスパラにたどりつく。

大正十三（一九二四）年には、岩内町に日本アスパラガスを設立。やがて同管内喜茂別町を特産地にする基礎を作り、これを伸ばして軌道に乗せたのが、当時の「クレードル興農」代表・丸子斉。丸子社長は、アスパラのシーズンは五月から七月までだが、工場のあく季節はスイート・コーンや水産加工で多角経営、クレードルを道内一のアスパラガス企業にした。

ちなみに、ブランド名の「クレードル」とは英語で〝揺籃《ゆりかご》〟という意味。喜茂別町は日本におけるアスパラガス缶詰の揺籃の地、つまり発祥の地であることから名づけられた。北海道産の缶詰は世界の名品とまでいわれ、その名を高めたクレードル。何年ぶりかでわたしもあらためて試食してみたが、やはり素晴らしい味だ。いまだにアスパラの選別や缶に詰めるのは手作業ということで、愛情がこもっていて質も高い。

【雪印北海道チーズ】030

昭和三十年代に、初めてチーズを食べた。その時には「なんかセッケンくさい」と思った記憶がある。今でこそチーズは、カマンベールやパルメザンなど何種類も出まわっているが、昔はプロセスチーズぐらいしか店頭で売られていなかった。バターと並ぶ高級品だったので、おやつ代わりに気軽に食べられるものではなく、なじむまで時間を要したのだ。

そういえば、わが家で通称〝赤玉〟ことエダムチーズを頂いたことがあり、食べ方が分からなくて母親が苦労していたことも思い出される。野坂昭如の名作『アメリカひじき』に、紅茶の飲み方が分からない主人公が登場したが、人知れず共感できたものだ。

ヨーロッパで普通にチーズといえばナチュラルチーズを指し、つくり上げた菌や酵素が生きているチーズのこと。それを砕いて熱で溶かし、殺菌して容器に詰めたものがプロセスチーズ。保存性に優れているので、主にアメリカで発達して日本に伝えられた。

雪印乳業の前身である北海道製酪販売組合連合会は、大正十四（一九二五）年にバター製造を開始。昭和八（一九三三）年には念願のチーズ製造をスタートさせ、翌年六月からバター特約店を通じてプロセスチーズを売り出す。当初の包装はすべて手作業、個別に錫《すず》箔《はく》で包み、内装は紙カートンが使われていたという。大変な苦労を重ねて売り出されたプロセスチーズだが、たちまち品切れになるほど好評を博した。雪印チーズの中でもっとも人気なのはひと足遅れで登場した「6Pチーズ」。だが、わざわざナイフが必要なこのプロセスチーズに愛着を覚える。切り目のための濃紺の線といい、古風な絵柄といい、この田舎っぽいところがたまらない。残った分をラップで包み、早く食べなければと思いつつ冷蔵庫にしまう。そんな手間のかかる分、愛着もひとしおなのだろうか。

【雪印コンビーフ】031

私の幼年時代は、すき焼きといえば豚肉、ステーキといえば鯨肉だった。牛肉は身近な存在でなく、牛ステーキなど大人になるまで食べたことがなかった。牛肉を味わうことができたのは、せいぜいコンビーフの缶詰ぐらいだった。

コンビーフとは、もともと「コーンド・ビーフ（塩漬け肉）」のこと。諸外国では、十七世紀頃まで粒状の粗塩を使い貯蔵肉にしていたが、今は塩水に漬け込んで作っている。外国製のコンビーフにはブロック状の肉が使われ、脂肪分も約二〇％あるが、日本の製品は肉を細かくほぐし脂肪分も少なめにしている。国産第一号は明治二十六（一八九三）年に創業された野崎産業の製品。売り出しと同時に人気を得たが、北海道では「雪印コンビーフ」がなじみ深い。雪印食品のコンビーフが発売されたのは昭和二十八（一九五三）年。

また、コンビーフの大きな特徴といえば、巻き取りねじのついた台形の「枕缶」。最近はイージーオープン缶が普及して、缶切りのない家庭も増えているそうだが、コンビーフの枕缶は缶切り不要時代の先駆けともいえる画期的な容器だったのだ。ただし、ゆっくり優しく巻き取らないと途中で失敗して大変なことに。中身が詰めやすく、取り出しやすいため、この形の容器に入れられているそうだ。牛肉がどんどん手軽に買えるようになっても、コンビーフは買い置き食品の定番として、今も現役。酒のつまみやサラダの素材、簡単なおかずに……。地味ではあるが日常の食生活に定着した一品といえるだろう。

【さんま蒲焼】032

「安かろう悪かろう」が世の常。しかし、惣菜屋のコロッケ（デパートのは高級すぎて苦手）やさつま揚げのように、安くても美味しいものは少ないながらも確かにある。

ひと缶百五十円ポッキリの「さんま蒲焼」は、その代表的なものだ。丼ご飯の上に汁ごとかけて食べれば、これだけで十分おかずになるし、ビールのつまみや箸休めの一品にもなる。それなのにこの値段だから、一人暮らしには救世主といえる。

そもそも、秋刀魚《さんま》の蒲焼は昭和三十年代に入ってすぐに売り出された。先駆者は、千葉・銚子の町から生まれた全国ブランド「ちょうした」といわれているが、ほぼ同時期に各社入り乱れて発売したため、真偽のほどはよくわからない。ただ北海道では、㋩マークのマルハ（旧・大洋漁業）が親しまれている。

当時、鰻《うなぎ》の蒲焼は庶民には手の届かない高嶺の花だった。それを大衆魚の秋刀魚で、味も形も鰻に似せて作ったのが「さんま蒲焼」の缶詰である。その頃は、漁獲した秋刀魚を天日干しにして、コークスを使って焼き上げた。当時は煮崩れし、現在のようにきれいな形では缶詰に収まらなかったという。

この缶詰が魅力的なのは、ユニークな角缶のせいもある。細長い秋刀魚が形よく収まり、いかにも美味しそう。これを缶切りで開けようとすると、ちょうどカーブの所で〝小休止〟、最後まで開けるにはかなり手間がかかる。値段が安いのだからそれぐらいの手間は仕方がない、と思わせたのは昔の話。今ではリングプルで簡単に開けられる。

真夏の冷えたビールのつまみには、枝豆がピッタリ。けれども、それに匹敵するほどさんま蒲焼もいける。決して大きな声で語る話ではないけれど……。

いつからある、
いつでもある、
無いと淋しいこの優れモノ――。

【チキンラーメン】033

日本が世界に誇る発明品・即席ラーメンの第一号は、昭和三十三（一九五八）年発売の「チキンラーメン」。活力に満ちた時代の空気にマッチして、当時三十五円のチキンラーメンは瞬く間に家庭へ浸透してゆく。発売年には千三百食も売りさばき、四年後には十億食が消費されるほど伸びているのだ。生みの親である日清食品・安藤百福会長はそれまで、病人の栄養剤を作るなどさまざまな事業に手を出していた。そして四十八歳の時、戦後まもなくの闇市で見た屋台ラーメンの繁盛ぶりに刺激され「ハシとドンブリさえあれば、いつでもどこでも食べられる」即席ラーメンの開発を手がける。

当初は大阪・池田市の自宅裏の小屋に中古の製麺機を運び込み、来る日も来る日も小麦粉を練ったという。やがて「お湯を注いで三分間」のヒントは〝天ぷらの原理〟にあることに気づく。チキンスープで味つけした麺を油で揚げて水分を飛ばすと、麺に無数の小さな穴が生まれる。それに熱湯を注げば、二、三分で軟らかくなって食べられることを発見。お湯をかけて三分間待つだけという簡単な調理法は、これまでは手間のかかったラーメンの世界に一大革命を引き起こした。

【江戸むらさき】034

喜劇人・三木のり平のキャラクターが生かされた「のり平アニメ」ほど、旧世代になじみの深いものはない。昭和三十三（一九五八）年に初登場して以来、国定忠治などに扮したのり平が活躍する息の長いCMである。その不滅のキャッチフレーズが「何はなくとも、江戸むらさき」。

売り出されたのは昭和二十五（一九五〇）年。厳選された青ノリをじっくり煮込んだ佃煮は、手軽で日本人の嗜好にあったせいか、爆発的な人気を呼ぶ。この絶妙なネーミングは、昔から高貴な色として殿上人をはじめ一般にも親しまれていた紫色がルーツ。ところが、これは古代紫のことで、江戸時代には対抗して青みがかった「江戸紫」が創作される。また、東京では醤油のことを〝むらさき〟と呼び、ノリは〝浅草海苔〟といわれて江戸を代表する産物。こうした背景から、ノリの佃煮瓶詰が「江戸むらさき」と命名された。ちなみに桃屋の前身は、大正九（一九二〇）年設立の桃屋商店。漬物や瓶詰・缶詰の製造からスタートしたが、桃の缶詰が主力商品だった。創業者の小出孝男は、中国では古来「桃は幸福のシンボル」だったことに注目。「吉兆を正しい努力で射止めよう」の願望をこめて、桃と矢をあしらったトレードマークのデザインを専門家に発注したという。さて江戸むらさきは、シリーズ商品がめじろ押しだが、市場シェアの約八〇%を「ごはんですよ！」が占める。道理で最近、このクラシックな瓶を店頭であまり見かけないはずだ。

【鮭筍味付】 035

「鮭筍味付」とは、鮭とタケノコが組み合わされた醤油味の缶詰のこと。軟らかい鮭の身と歯ごたえのあるタケノコの絶妙なコンビネーションは、酒の肴になかなかオツである。北海道では隠れたロングセラーだが、〝サケ缶〟といえば水煮がポピュラーな本州ではなじみがないようだ。

ニチロの前身「堤商会」は、北海道出身の平塚常次郎と新潟出身の堤清六が明治三十九（一九〇六）年に設立。豊漁による収益で基礎を固めた二人は、大正三（一九一四）年には、サケ・マス漁業を目的に日魯漁業を創立。社名は日本と魯西亜《ろしあ》の国名からとったという。

鮭筍味付は、昭和三十八（一九六三）年頃に釧路工場の所長が考案したといわれ、職員が手づくりで缶詰にしたのがその始まり。秋鮭（ギンザケ）を利用し、ワカメやコンブなどの組み合わせを試みたが、最終的に北海道産の細長いネマガリダケに落ち着いた。やがて本州のモウソウチク（現在はマチク）に代わった理由は定かでないが、これが醤油味の鮭にぴったり合うことは確かだ。

【ハウスバーモントカレー】036

カレーライスといえば、母の背中を思い出す。野菜をきざむ後ろ姿を眺めながら、夕食を待つひととき。固形ルーを入れると、やがて漂うカレーの匂い。ジャガイモがゴロンの黄色いカレーの中から、兄弟で肉の破片を奪い合い、そして母に叱られる。そんな遠い日がよみがえる郷愁の家庭カレーは、昭和三十年代における食卓の王様だった。

そもそも固形ルーの元祖は、昭和三十五（一九六〇）年に発売された「印度カレー」。その名の通りに本格カレーの辛さを持っていたため、子どもには受け入れられなかった。

その点をカバーするべく昭和三十八（一九六三）年発売の「ハウスバーモントカレー」は、リンゴとハチミツ入りの甘いカレーにした結果、驚異的に売れる。それまで、カレーは辛く大人が食べるものというのが常識だったが、子どもと大人が一緒に食べられるカレーとして茶の間に浸透した。今では、消費者のニーズに合わせ、六皿分の固形ルーを二パックに分けてパッケージの中に収めるという細かい配慮がなされている。

ハウス食品は、大正二（一九一三）年誕生。創業者の浦上靖介が、大阪市に薬種化学原料店・浦上商店を開いたのが始まりで、昭和三（一九二八）年には即席ハウスカレーを発売。現社名はこの名に由来する。

今世紀の大ヒット商品、息長く愛される長寿商品。どちらもまだまだ元気いっぱい――。

【カップヌードル】037

初めて世の中に登場した時、「これは何だ!」と人々を驚愕《きょうがく》させたカップヌードル。発泡スチロール自体なじみのない素材である上に、麺をカップに入れるという発想が全くなかったからだ。しかも、紙ブタを取ってお湯を注いでから約三分待つと、エビやタマゴなど色とりどりの具がカップから浮かび上がる。即席ラーメンに慣れていた人でも、ラーメンのようでラーメンとは言い切れない「カップヌードル」の出現に、カルチャーショックを受けたものだ。

世界初のカップ麺・カップヌードルが発売されたのは、大阪万博が開かれた翌年の昭和四十六（一九七一）年。生みの親は、即席麺の元祖チキンラーメンを世に送り出した安藤百福だった。国際的に通用する新製品の開発を思い立った安藤は、昭和四十一（一九六六）年、市場調査のためにアメリカへ旅立つ。その旅先で商談していた際、スーパーマーケットのバイヤーたちは持参したチキンラーメンを割って紙コップに入れ、お湯をかけてフォークで器用に試食した。それを見て、まず「こんな食べ方があるのか」というヒントを得たのだ。

しかし、容器に麺を入れるのはいいが、どうやって封じるかが課題として残った。そこで決定的だったのが、機中でスチュワーデスが運んできたマカデミア・ナッツ入りのアルミ容器。アルミコーティングされた紙でしっかり封印されていることに着目、「これならフライ麺を湿気から守られる」と確信したという。こうして生まれたカップヌードルは、いつでもどこでも手軽に食べられることで、新しいライフスタイルを求めていた当時の若者たちを中心に熱狂的に受け入れられる。

誕生から早くも三十年近くを経たわけだが、恐るおそる試食して「いったいコレハ……!」と思った時の衝撃は今でも忘れられない。一九七〇年代初期には、それほどショッキングな食品だったのである。

【山本山の海苔　あさくさ】038

テレビCM「上から読んでも山本山、下から読んでも山本山」でおなじみの「山本山の海苔」は、お中元やお歳暮に欠かせない贈答品の雄である。そのせいか、ノリは日常的に食べるものだが、山本山の缶入りノリには、どうも近づきにくい深窓の令嬢を思わせる雰囲気があるようだ。

というのも、山本山の創業は元禄三（一六九〇）年、約三百年もの歴史を誇る老舗中の老舗なのである。初代・山本嘉兵衛が、お茶で名高い宇治山本村（京都府）から上京、お茶と和紙を扱う鍵屋の名で江戸日本橋に開業したのがその始まり。それから約百年の間に、店名は鍵屋から紙屋嘉兵衛、山本嘉兵衛商店などと移り変わる。現在の社名である山本山と呼ばれるようになったのは、六代目・嘉兵衛の時代〈天保六（一八三五）年頃〉から。自園栽培の「山本山」という名前のお茶が、大人気を博したことによるという。

お茶で名声をあげた山本山だが、ノリの販売を始めたのは意外に新しく、第二次大戦後の昭和二十二（一九四七）年からである。人気ブランド「あさくさ」が登場するのは同五十四（一九七九）年。ノリの品種に有名な〝浅草海苔〟というのがあって、江戸時代には墨田川下流の浅草あたりで養殖された。そこからネーミングされたらしいが、最高級といわれる味つけノリにふさわしい名前である。

ノリは特有の香りと光沢を持ち、やや青みをおびた黒紫色のものが最上といわれている。こうした上等のノリは、火であぶると焼き色が美しい青緑色に変化する。このあさくさは、色もしっかり青緑色、噛むと甘みが広がり、サクッとした歯ごたえと風味がたまらない。一枚食べるともう一枚と止まらなくなる旨さで、これだけで酒の肴になる。さらに小鍋だての湯豆腐があれば、池波正太郎の世界に足を踏み入れてしまったような気分になる。

第二章

嗜好七変化《ゆうわくバリエーション》

ボトルに郷愁あり、酒に哀愁あり。根強いファンいまだ健在——。

【ヱビスビール】 039

「ヱビスビール」が、戦後初の麦芽一〇〇%ビールとして復活したのは昭和四十六(一九七一)年のこと。ほかの銘柄に較べると少し値段は高いが、その深いコクにオールドファンはもとより若いファンも急増した。

そもそも発売されたのは明治二十三(一八九〇)年。ヱビスのブランドを生んだ「日本麦酒釀造」が創立され、恵比寿工場も完成されている。ネーミングは〝えびす様は縁起が良く商売にも喜ばれる〟ということで命名された。

開拓使は明治九(一八七六)年、現在サッポロファクトリーが建つ場所に本格的なドイツ式ビール工場を建設した。同十八(一八八五)年には大倉喜八郎が払い下げを受け、一年後に澁澤榮一らと札幌麦酒(サッポロビールの前身)を創業している。同三十九(一九〇六)年には、東京の日本麦酒、大阪の大阪麦酒と合併して大日本麦酒が生まれる。しかし、大日本麦酒は戦後の昭和二十四（一九四九）年、サッポロとヱビスを受け継ぐ日本麦酒、アサヒを受け継ぐ朝日麦酒に分割される。

戦後再出発した日本麦酒は、ニッポンビールを発売したが、サッポロを惜しむ声が強く、昭和三十二（一九五七）年にサッポロの商標を復活、同三十九（一九六四）年には社名をサッポロビール株式会社に変更している。紆余曲折を経て再発売されたヱビスビールだが、熟成時間をたっぷりとかけたドイツの古典的な醸造法を採用、麦芽一〇〇％ならではの芳醇でかつ濃厚な味わいが人気の秘密である。

【キリンラガービール】040

ビールといえば、風呂上がりの一杯が最高。もちろん、スキーやテニスなどスポーツで汗を流した後の一杯も良いが、自宅でくつろぎながら飲むビールの味は格別だ。

ところで、日本で初めてビールが造られたのは明治三（一八七〇）年のこと。アメリカ人のウィリアム・コープランドが、横浜の山手外人居留地に「スプリング・バレー・ブルワリー」というビール醸造所を作ったのが始まり。同十八（一八八五）年、トーマス・B・グラバーがその事業を引き継ぎ、「ジャパン・ブルワリー社」を設立。これが明治四十（一九〇七）年に「麒麟麦酒」となる。ちなみに、「キリンラガービール」は明治二十一（一八八八）年に発売された。一般的にラガービールとは、〝貯蔵工程で低温熟成させたビール〟

のことを指す。熱処理をしたビールと熱処理しないビール（生）があり、キリンラガーの場合は、約0度の低温で二カ月ほど熟成させた芳醇な飲みごたえと爽快なのど越しが特長だ。

キリンビールといえば、古代中国の想像上の動物、麒麟《きりん》が描かれたラベルが特に印象深い。この麒麟は、慶事の前に現れる霊獣といわれ、中国では慶事と幸福のシンボルとされている。かの孔子が生まれる時、母の夢枕に現れたそうだ。もうおなじみのラベルだが、初代の麒麟は太陽を背にして小さく描かれ、よく狛犬《こまいぬ》と間違えられた。そこで翌年には、当時の漆工芸《うるしこうげい》の第一人者、六角紫水のデザインによる現在のラベルが登場。大正時代には、この麒麟ラベルの中に「キ・リ・ン」の隠し文字が入れられ、現在に至っている。澄んだ琥珀色、さわやかな香り、きめ細かな泡、そして調和のとれた味わいが絶妙なキリンラガービール。百花繚乱ともいえるビール戦争のなかで、発売以来、実に百年を超えて飲み継がれるのも、こうした積み重ねがあるからだ。

【赤玉スイートワイン】041

幼い頃、大晦日《おおみそか》の晩になると、家族でご馳走を食べるのが習わしだった。これは北海道だけの習慣らしいが、この時ばかりは子どもでも口にすることのできるアルコールがあった。それが、愛称〝アカダマ〟でおなじみの「赤玉ポートワイン」。現在はスイートワインに改称されている。

アカダマはもともと「向獅子印甘味葡萄酒」という名前で、明治三十九（一九〇六）年に売り出された。考案したのは、サントリーの創業者・鳥井信治郎。大阪生まれの信治郎は、数え年十四歳の明治二十五（一八九二）年、薬種問屋小西儀助商店へ丁稚奉公に入る。

文明開化後、いち早く洋酒の輸入販売を手がけたこの店で、後年の基礎を築いた信治郎は二十三歳で独立。「鳥井商店」の屋号で、主にブドウ酒や缶詰類を商う。やがて信治郎はスペイン人のセレーヌと出会い、彼の家に出入りするうち、本場直輸入のポートワインを知る。「この味を日本人にも広めたい」と考えた信治郎は、セレーヌ商会からブドウ酒を買い入れ、瓶詰めにして売り出した。だが、売れゆきは惨憺《さんたん》たるものだった。

日本人の味覚になじまないと気づいた信治郎は、もっと甘いブドウ酒をつくろうと研究を重ね、その結果、生まれたのが向獅子印甘味葡萄酒だった。翌年には、ハイカラな響きの赤玉ポートワインと改称。この甘さが受けて、好調な売れ行きのアカダマは、ライバルの蜂印香竄《こうざん》葡萄酒を抑え、昭和の初めまでに六〇％のシェアを獲得。昭和三十年代には、家庭の食卓にも登場する。ところでその昔、飲み口の甘さにひかれて飲み過ぎ、兄弟そろってひどい二日酔いになったことがある。アカダマを眺めていると、ちゃぶ台を囲んで一家団欒の時を過ごした記憶とともに、その〝事件〟が懐かしく思い出される。

【電気ブラン】042

〝君知るや夢のカクテール〟という美しいコピーが懐かしい「電気ブラン」は、明治時代から浅草の代名詞とされた洋酒。フランスのコニャックにも似た柔らかく澄んだ琥珀色で、まろやかな甘さと香りが特徴だ。これは一見、外国の酒に思えるが、明治二十六（一八九三）年頃、〝日本のワインの父〟として知られる神谷傳兵衛が誕生させたオリジナル。ブランデーやジン、ベルモットなどをミキシングしたカクテルで、その処方は今も秘伝という。そもそも、神谷傳兵衛は明治十三（一八八〇）年、浅草で酒類製造・販売会社を始める。翌年には、輸入ワインを日本人向けに改良した「蜂印香竄《こうざん》葡萄酒」（ハチブドー酒のルーツ）を開発。やがて本格ワインの生産に着手したり、国産アルコールの改良事業に乗り出すなど、日本の洋酒の先駆者として活躍する。

そんな神谷が、あらゆる洋酒の知識とミキシングの技術を結集して作り上げた新しい酒が電気ブラン（当初は電気ブランデー）というわけだ。発売当時はまだ電気が珍しく、目新しいものには電気の文字を冠して呼んだ風潮から命名されたという。大正時代に入ると大変な人気を博すのだが、それに拍車をかけたのは神谷バーの存在だろう。浅草花川戸で傳兵衛が始めた酒の一杯売りのお店がルーツで、大正十（一九二一）年に改装されて今の姿になり、手軽に洋酒が飲める店として浅草名物になっていく。若き日の小林秀雄や川端康成などの文士が電気ブランの杯を重ね、徳川夢声、エノケン、ロッパをはじめとする芸人たちも通い詰めたといわれるほどだ。今も神谷バーには自由闊達な雰囲気があふれ、ロマンスグレーの紳士が粋《いき》にストレートでグラスを飲み干す姿が見られる。それにつけても、現代の若者たちからも熱い視線を浴びる電気ブラン、永遠に不滅な浪漫《ろまん》酒だ。

【ブラックニッカ】043

通称〝ヒゲのニッカ〟こと「ブラックニッカ」は、懐かしいウイスキーだ。五十代の左党には「初めてボトルキープしたのも、初めての二日酔いに悩まされたのもこの酒」という人が目立つ。酒仙の先輩にトリス育ちが多いのと同じく、遅れてきた団塊の世代にはブラックニッカで育った人が多いのだ。

ブラックニッカが発売されたのは昭和四十（一九六五）年。今でこそ国産ウイスキーは、モルト原酒にカフェ・グレーンをブレンドするのが一般的だが、ブラックニッカ以前はブレンド用アルコールを配合したものが当たり前だった。ブラックニッカはカフェ・グレーン配合の日本第一号といわれ、本場スコッチスタイルのソフトな味と当時千円という破格の値段で驚異的に売れる。さらに売れゆきに貢献したのは黒瓶のデザインの良さ。ヒゲの人物が左手に麦の穂、右手にグラスを持って心地良さそうに利き酒する姿は、強烈なインパクトがある。この人物は、三十種もの原酒を利き分け、〝ブレンドの王様〟と呼ばれた英国貴族のW・P・ロウリー卿がモデルという。

北海道余市町に工場を構えるニッカウヰスキーは、創業者の竹鶴政孝により昭和九（一九三四）年に設立された。スコットランド留学でウイスキー作りを学んだ竹鶴は、日本人が日本で初めて作った本格ウイスキー・白札サントリーの生みの親でもある。竹鶴が独立して創立した会社の名前は「大日本果汁」。ニッカはこの〝日果〟を片仮名にしたものだという。ニッカの社名が日本語に由来するとは知らなかった。

ブラックニッカが、スコットランドそっくりといわれる余市町の風土が生んだウイスキーの逸品であることを知る若い人は少ないだろう。しかし、ススキノの交差点に今もネオンサインが掲げられているほど、北海道が誇るウイスキーなのだ。

【トリスウイスキー】044

〝トリス世代〟ではない私だが敬愛する作家山口瞳さんのエッセイのせいで、一晩中ハイボールを飲み続けたことがある。そのハイボールだが、酒飲みの正統派である先輩によると、「トリスウイスキー」でなければならないそうだ。あの懐かしいウイスキーの味が、ハイボールに良く合うらしい。

アンクル・トリスのテレビCMが一世を風靡したトリスウイスキーは、昭和二十一（一九四六）年に発売された。柳原良平デザイン、開高健原案によるCMシリーズが始まるのは、同三十三（一九五八）年から。このモデルは、アルフォンス・ドーデの小説の主人公といわれ、年齢は三十五～四十歳で独身。少々偏屈だが気はいい男で、義理人情に厚く純情でオッチョコチョイというキャラクターが人気を呼ぶ。なかでも大ヒットは、三年後に

「キユーピーマヨネーズ」027 当初より丸みを帯びたといわれるマーク。成分の七〇%以上はサラダ油といわれ、それだけに腐らず品質が安定している。

「ブルドックソース」028 ブルドックといえばソースの代名詞となるほど有名。ウスターもブルドック犬も、故郷はなんとイギリスだ。このパッケージは平成七年のもの。平成八年にはラベル・品質ともリニューアルされている。

［クレードルのアスパラガス］029　パッケージデザインの濃紺は海、白は空を表し、世界に羽ばたこうという思いが込められている。粒よりのホワイトアスパラがそろって味も抜群！　形良く取り出すためには底から開缶するのがポイント。

［雪印北海道チーズ］030　クラシックな牛の絵柄は雪印のトレードマーク。濃紺の線は切り目のためだろうが、昔から変わらず太い。そこが懐かしさを誘う。

「雪印コンビーフ」031 この巻き取りネジがついた台形の枕缶がコンビーフの大きな特徴。缶切りは不要だが、雑に開けようとすると最後まで巻き切れない。
「さんま蒲焼」032 このパッケージは缶切りが必要だった頃のもの。今では、プルトップで簡単に開けられる、その名もズバリ「パッ缶」。

「チキンラーメン」033 パッケージデザインは、これまで数回変更。最初の袋は中身がわかるように、大きな窓が開いていた。かつてテレビCMで、冒険家の野田知佑が美味しそうに食べていたね。

［江戸むらさき］034 名前に〝むらさき〟とありながら、紫色を使っていないのが心憎いクラシックな瓶。桃と矢をあしらったマークは、時代と共に大きくなっている。

［鮭筍味付］035 昔はギンザケだったが、今はサケ科サケ属のカラフトマスを使用。少し甘めだが、何故かビールや日本酒のつまみにイケル味。

「ハウスバーモントカレー」036 ♪リンゴとはちみつ……のCMソングを思わず口ずさんでしまう人も多いはず。このパッケージは平成四年のもの。

「カップヌードル」037　片手で持てる大きさ、軽さ、座りの良さが十分に計算されたサイズが見事。新鮮なエビやタマゴ、肉、スープをフリーズドライ製法で乾燥しているので、栄養素が変化しないという。

「山本山の海苔　あさくさ」038　味付けノリは、みりんや醤油などで調味した特製のタレをつけ乾燥させたもの。

「エビスビール」039　七福神の一人であるえびす様は、漁業や商業の守護神。ラベルに鎮座している姿はふくぶくしい。高品質のホップをふんだんに使用、〝ビールを知る人のビール〟といわれている。

「キリンラガービール」040　発売以来、百年以上の歴史を持つこの麒麟のラベルの中に、キ・リ・ンの三文字が隠されているのを知っていただろうか。瓶ビールの良さは、コップに注ぐ時の重量感かもしれないね。

[赤玉スイートワイン]041　ラベルのデザインは何度か変更され、だんだん赤玉が大きくなった。名前は、スペイン産ポートワインのラベルにあった赤玉をヒントに命名された。

［電気ブラン］042　発売時は「電気ブランデー」と呼ばれ、明治時代から浅草の名物となり、今も飲み継がれる〝夢のカクテール〟だ。

「ブラックニッカ」043 通称「ヒゲのニッカ」。黒いボトルに華やかなデザインが、強烈なインパクトを有する。団塊の世代には、先輩たちの〝トリス〟に匹敵するほど愛飲されたウイスキーだ。

【トリスウイスキー】044 もう伝説となったCMでおなじみのトリスウイスキー。テレビの画面で動き回っていた"トリスおじさん"が懐かしい。

「丹頂千歳鶴」045　根釧原野の丹頂鶴からネーミングされ、誰もが知っている北の地酒。平成四年には誕生から百二十年を迎えている。

［さつま白波］046　薩摩芋ならではの独特な薫りとコクが特徴の本格的な焼酎。ひとたび飲むと忘れられない個性的な味で、なぜか悪女に似ている。

登場の「トリスを飲んでハワイへ行こう！」編。山口瞳さんの傑作中の傑作コピーである。これでトリスは飛躍的に売れ、盛り場にトリスバーが雨後のタケノコのように姿を見せたという。また、開高健の名作〈「人間」らしくやりたいナ　トリスを飲んで「人間」らしくやりたいナ　「人間」なんだからナ〉も残されている。

　ところが、東京オリンピック開催の昭和三十九（一九六四）年、三百四十円のトリスよりワンランク上のウイスキーとして五百円の「レッド」が生まれる。このレッドと高度経済成長のせいか、やがてトリスは衰退していくわけだが、いまだに根強くトリスファンはいる。それが単なる郷愁なのか独特の味のせいなのか、トリス世代ではないので真相はわからない。けれども、遅れてきた酒飲み世代には、そのこだわりが羨ましい限りだ。

【丹頂千歳鶴】045

生ガキに白ワイン、ジンギスカンに生ビール、そして手打ちそばには日本酒というように、旨い食べ物には旨い酒がつきものだ。アルコールが全く苦手ならともかく、料理の味を引き立てるには酒が必要不可欠という人も多いだろう。

　吟醸酒などの人気に押され、いわゆる日本酒は片身が狭くなりつつある。菊正宗や松竹梅など有名銘柄でもそうだから、ましてや北海道の銘柄は印象が薄い。しかし、この「丹頂千歳鶴」は札幌最初の杜氏《とうじ》といわれる柴田与次右衛門が、明治時代に造った由緒正しい酒である。能登出身の与次右衛門は明治三（一八七〇）年秋に石狩から札幌へ移り住み、今の丸井今井百貨店の場所に小屋を建てた。そこで自家製の濁り酒を販売したのが始まりで、二年後には創成川河畔に柴田酒造店を開く。

もっとも、本格的な酒造りは明治三十（一八九七）年、柴田酒造店を中心に同業者が集まって札幌酒造合名会社（日本清酒の前身）が設立されてから。千歳鶴の名前は、大正二（一九一三）年に商標登録され、雪に覆われた広大な根釧原野に生息する丹頂鶴から命名された。「厳寒肌をさす冷たさに身を浄め、雪清水をもって米を磨ぎ、精魂こめて仕込みをする」という、清酒製造への思いがこめられている。

燗をすると旨い辛口の千歳鶴だからこそ、凍えるように厳しい寒さの夜は格別なのだ。

【さつま白波】046

鹿児島で〃お酒を飲む〃といえばほとんどが焼酎《しょうちゅう》のことだという。北海道では日本酒が当たり前だが、九州の人たちは地元の焼酎をとても大切にしているようだ。なかでも代表的なブランドが「さつま白波」。昭和三十（一九五五）年に売り出され、今や国内はもとより世界二十五カ国に輸出されている人気者だ。

そもそも焼酎は、華道、茶道、水墨画など多くの伝統文化が生まれた室町時代後期に、薩摩半島の最南端にある枕崎で誕生した。半島一帯は焼酎の原料となるサツマイモの名産地で、枕崎郊外の白沢には「神の河」と呼ばれる豊かな清水が湧く。

ひと口に焼酎といっても甲類と乙類があり、甲類はいわゆるホワイトリカーと呼ばれるもの。日本では明治後半に導入された連続式蒸留機でほぼ一〇〇%に近いエチルアルコールを連続的に取り出し、これを三十六度未満に水で薄めるため、無味無臭で癖はない。一方、乙類は最近では〝本格焼酎〟とも呼ばれる日本古来の伝統的な蒸留酒で、単式蒸留機を使い、イモや麦・米などの原料や製法の個性を原酒に生かしているのが特徴。つまり、さつま白波はサツマイモの甘みと旨みが効果的に生かされた乙類の焼酎なのだ。その特独な香りとコクは、焼酎の王者の名に恥じない素晴らしさだ。ちなみに、さつま白波をおいしく飲む秘けつは、白波六にお湯四（いわゆるロクヨン）のお湯割り。これで二十五度のアルコール分が清酒並みとなり、温度もちょうど良い燗どころになる。

【上撰　ワンカップ大関】047

コップの裏側で美女がニッコリとほほ笑む「ワンカップ大関」は、いわば日本酒の革命児。今でこそ当たり前のカップ入りだが、発売当時は画期的だった。ワンカップ大関が誕生したのは昭和三十九（一九六四)年十月十日、奇しくも東京オリンピック開会式の日である。一本八十五円だったが、半年かけても売り上げが伸びず、「こんなインク瓶みたいな青い商品は店先に並べられない」と小売店や問屋の評判も悪かった。そもそも大関がカップ酒を誕生させるきっかけは、同三十四（一九五九）年にビールの年間出荷量が清酒を上回ったこと。当時、専務だった長部文治郎は、「なんとかしなければ清酒は取り残される」という危機感を持つ。そこで、

「いつでも、どこでも容器から飲める酒はできないか。若い人が喜んで飲む酒を造ってくれ」と社内に号令をかけたのだった。

大関の前身である大坂屋（長部家）は、正徳元（一七一一）年に創業された。酒の銘柄は「万両」だったが、日本で初めて商標条例が制定された明治十七（一八八四）年に「大関」と改名。当時の八代目文治郎は、〝大関〟の韻は〝大出来〟に通じる、とファイトを燃やしたそうだ。昭和三十七（一九六二）年には、長部文治郎商店から現在の社名に変更。同時にカップ酒を企画するが、適当な冷酒のキャップと薄手のコップ状の容器をつくるメーカーがないことで挫折。具体化されるのは翌年で、テアオフ式のキャップ技術が見つかり、容器を作る機械も輸入された。利便性第一の現代には欠かせないカップ酒だが、パイオニアの道は厳しかったようだ。

もう遠い話になりましたが、大人のあなたにとって初恋の味はどれですか——。

【カルピス】048

広告コピーの名作は数々あれど、「カルピス」のキャッチフレーズ〝初恋の味〟ほど親しまれているものはない。このキャッチフレーズは、カルピスの発明者である三島海雲の学校の後輩、国語と漢文の先生が作ったという。

明治十一（一八七八）年生まれの三島海雲はもともと僧侶の息子で、一時は中学の英語の教師を務めたが、北京に貿易商会を開く。しかし事業に失敗、三十八歳で帰国した海雲は、日本に渡来したばかりのヨーグルトを試食する。そしてこれならモンゴルの人びとが大ガメに入れて乳酸菌をふやした乳の方が、ずっと旨いことに気づく。そこで内モンゴル伝来の乳クリームを「醍醐味《だいご》」という商品名で売り出したところ、注文が殺到して販売を中止。醍醐味の原料クリームは牛乳一斗（一八リットル）からわずか一升（一・八リットル）弱しかとれず、大量生産できなかったからだ。

次に海雲はクリームをとったあとに残る脱脂粉乳に注目、これに砂糖を加えて一昼夜置くと大変に美味しい飲みものができた。彼はこれにカルシウムを加え、新しい乳酸菌飲料を作り上げた。そして、カルシウムの〝カル〟と梵語《ぼんご》（インドの古い言葉）で最上という意味のサルピスの〝ピス〟を組み合わせ、〝カルピス〟と命名した。人気の要因である水玉の包装紙は、発売が大正八（一九一九）年七月七日なので七夕にちなんで天の川を象《かたど》っている。清涼飲料にふさわしい水玉に銀河の意味が加わり、しかもキャッチは〝初恋の味〟。倍々ゲームで信じられないほど売れたというのもうなずける。

【ポッカ100レモン】049

新製品とは、いつだってある日突然に登場するものだ。それにしても、昭和三十二（一九五七）年発売の「ポッカレモン」の登場ぶりは鮮やかだった。瓶入りの合成レモンだったが、まさしくその味はレモン。数滴たらすだけでレモン風味を味わえるとあって、瞬く間に茶の間に浸透していく。

ニッカバーやトリスバーが華やかかりしこの時代、カクテルに欠かせないレモンは引く手あまたの人気ぶり。しかし、まだ輸入が自由化されていないので、非常に高価な商品だった。創業者の谷田利景は、そこに着目して生レモンの代わりにレモン果汁の量産を思い立つ。こうして生まれたのが「ポッカレモン」で、バーを中心に売れゆきを伸ばす。

ところが当初は、ニッカバーの需要にこたえて「ニッカレモン」というネーミングだった。それではニツカバー以外には置けないので、社内で新しく名前を考えることになった。当時、ゴルフのファッションで流行していたのは、ゆったりしたズボンのニッカーボッカーズ。そこで、ニッカと響きの似た〝ボッカ〟の濁音を半濁音にして、ポッカレモンと命名した。昭和三十九（一九六四）年にはレモンの輸入が自由化され、消費者の志向が本物に向かい始める。そこで、従来の合成レモンとは違ったレモン果汁一〇〇％の「ポッカ１００レモン」を発売。チューハイブームなどで順調に売り上げを伸ばしていくが、現在はカクテルやチューハイよりも家庭調味料としての役割が大きいという。野菜サラダやマリネ、フライ、唐揚げなど、さまざまな家庭のお総菜の脇役として活躍しているのだ。

【リボンオレンジ】050

今でもごく普通の居酒屋でジュースを頼むと、思いがけなく出される「リボンオレンジ」。清涼飲料水の古さでいえば、明治三十八（一九〇五）年誕生の三ツ矢サイダーや同四十二（一九〇九）年誕生のリボンシトロンがあるが、どちらもデザインを一新して昔の面影は薄い。

その点、このリボンオレンジは瓶入りというクラシックさが昔から変わらず、昭和三十年代を彷彿《ほうふつ》とさせてくれる。テレビＣＭ「リボンちゃぁーん、リボンジュースよ、リボンジュース」の奇妙にカン高い声を、つい思い出してしまうのだ。さて、この飲料水のキャラクター作りに知恵を絞った宣伝部は、オーストラリアから輸入したサンプルフィルムから面白いキャラクターを発見する。単純な線と無駄のない動き、それとすっとんきょうな音――。頭に大きなリボンをつけたおてんば娘ことリボンちゃんは、このフィルムをヒントに誕生。昭和三十三（一九五八）年放送のテレビドラマ「Gメン」のCMでデビューし、声の主は中島そのみだった。

昭和二十七（一九五二）年生まれのリボンジュース（現リボンオレンジ）は、サッポロビールが開発した果汁飲料。当初は一本五十円（中身三十五円、瓶十五円）で売り出され、高級品のイメージが強かった。やがてミカンをジュースにする技術が進み、二年後には四十五円に値下げしたものの、庶民がいつでも飲めるものではなかった。

改めてリボンオレンジを飲んでみるとこれほど懐かしい味は希少価値だろう。ましてや、自動販売機の缶入りが全盛の現代、瓶入りのジュースはなぜか心をほっとさせてくれる。栓抜きの手間こそかかるが、瓶コーラとともに〝郷愁〟という名の引き出しへ大切にしまっておきたい気がする。

【UCC缶コーヒー　オリジナル】051

今では自動販売機で当たり前に飲んでいる缶コーヒーが、実は日本生まれのオリジナル製品であることを知っていただろうか。平成十二（二〇〇〇）年の一月に満三十歳の誕生日を迎えた「UCC缶コーヒー　オリジナル」は世界初の缶コーヒーなのである。

そもそも発売元のUCC上島珈琲は、創業者の上島忠雄が、昭和八（一九三三）年に開いた上島忠雄商店がその始まり。奈良県出身の上島は、十八歳の時に青雲の志を抱いて故郷を旅立った。港町・神戸でコーヒーと出合い、その魅力を知ってコーヒーの輸入食品卸業をスタート、昭和二十六（一九五一）年には上島珈琲を設立している。

やがて上島は、旅の途中に駅の売店で飲んだコーヒー牛乳からヒントを得て、コーヒー業者の手でこんな飲み物ができないかと考える。気がせいて瓶入りミルクコーヒーを発売した時期もあるが、ある時〝缶入り〟を思いつく。試行錯誤を繰り返した末、コーヒー豆と三色のラインを組み合わせたラベルで昭和四十四（一九六九）年に売り出す。当時は七十円だった。

発売当初は、必死の売り込みで社員が奔走。駅の売店で「UCC缶コーヒー！」と大声で叫んだ社員や、列車内で飲んだ空き缶をわざと転がして乗客の関心を集めた社員もいたという。そのかいあって発売の翌年に開かれた大阪万国博覧会で人々の目にとまり、UCC缶コーヒーは爆発的に売れる。以後、これまでに百億本以上も愛飲され、このオリジナルのデザインと味は〝缶コーヒー〟の代名詞ともなっているのだ。ちなみに、ブランド名のUCCは、「ウエシマ・コーヒー・カンパニー」の頭文字を取ったもの。平成五（一九九三）年には、パッケージデザインを一新。味もグラニュー糖を使った〝すっきり感〟のある甘さになったが、UCCが世界初の缶コーヒーであるという事実は変わらない。

【森永純ココア】052

コーヒーや紅茶ほどの存在ではないが、初雪の季節に飲みたくなるのがココア。ストーブや暖炉の前で、フーフーいいながらホットココアを飲めば、体の芯から温まるような気がする。森永ミルクココア缶が、国産第一号ココアの名乗りをあげ、華々しく登場したのは大正八（一九一九）年八月のこと。三十匁《もんめ》（約一一三グラム）四十五銭だった。翌年には、「森永純ココア」の前身であるブレックファスト・ココアが発売される。当時の広告では、「当社特製のココアに粉砂糖及粉ミルクを適量に調和したるものにして熱湯を注げば直ちに芳味共に優れたココア湯になる」と謳われた。この時代は緑茶全盛で、紅茶も愛用者が少なく、コーヒーも専門店がようやく東京の盛り場に開店し、インテリ仲間の話題を呼んでいた程度。ましてやココアなど、一般の人たちは用法どころか味も見当がつかないというのが実情だった。ラジオもテレビもない時代にチョコレート以上のPRが必要だったわけで、大正九（一九二〇）年福岡で開催された工業博覧会では、日本初のココアホールを特設。入場者百五十万人に、ココアを味わう場を提供したという。ウエートレスの制服こそ白衣の看護婦姿だったが、足元は白足袋に鼻緒の履物、髪形も日本風というほほえましいエピソードも残されている。

ところで、ココアとは英語のカカオが変化したもの。原料はカカオ豆、粉にしたものをココアと呼ぶ。これに香味料や砂糖を加えたものがチョコレート。ココアには、一種の興奮剤であるカフェインとテオブロミンが含まれているが、少量なので緑茶やコーヒーのように不眠になることはない。むしろ、適量を飲むなら神経を柔らげ、疲れを癒してくれる。寒い日のホットココアは、体が温まるだけでなく精神安定にも良いのだ。

【大日本明治の角砂糖】053

テレビ番組では、アメリカのホームドラマ「パパ大好き」が人気だった昭和三十年代後半、家庭ではなぜか〝文化〟という言葉が流行していた。文化鍋に文化包丁、そして文化住宅など、外国文化の香りのするものが貪欲に取り入れられた時代だったのである。一般家庭の朝食に、トーストが登場したのもこのころ。当時の飲み物はコーヒーより紅茶の方がポピュラーで、これに角砂糖が加わるとなぜか文化的な感じがした。なかなか溶けにくい角砂糖をスプーンでかきまぜ、紅茶の琥珀色に白い砂糖が溶けこむ様を眺めていると、子ども心にも文化というものの実体がおぼろげにわかったような気がしたものだ。

ところで、〝角砂糖といえば明治〟と連想してしまうほど親まれてきた明治製糖は、明治三十九（一九〇六）年に創業。現在では大日本製糖と合併し、大日本明治製糖となっている。大正三（一九一四）年には、アメリカから角糖機械を輸入。同年二月から角砂糖の製造をスタートさせ、二年後には宮内省から御用糖納入の用命を受けている。それは現在も続行中であるという。

戦後も一貫して砂糖を製造してきたが、時代のニーズに合わせてスティックシュガーやダイエットシュガーなどを世に送り出す。なかでも、見逃せないのはフランス風の角砂糖フレンチシュガー。角砂糖は四角いという常識を打ち破り、形はほとんど丸に近い。さっぱりした甘みで、フランス料理店でよく使われている。とはいっても、角砂糖の王道はやっぱり真四角。たとえば、小樽の老舗喫茶「光」のコーヒーに必ずつく角砂糖が、丸であればやっぱり雰囲気が違う。「角砂糖にはノスタルジーがよく似合う」と書いた作家はまだいないが、真四角であればより郷愁を誘うのではないだろうか。

カムバック、紫煙。
あなたにもそっと教えたい。
両切り煙草のピンとキリ——。

【ゴールデンバット】054

若草色をベースに金文字で名前が描かれたパッケージデザインが、今もおしゃれな「ゴールデンバット」。外国製と思いがちだが、れっきとした国産紙巻きたばこで、明治三十九（一九〇六）年に四銭（十本入り）で売り出されている。あのピースの発売が昭和二十一（一九四六）年だから、どれほど古いか、わかるだろう。大正の終わりから昭和初期にかけては、〝バット党〟という呼び名が生まれたほど大衆に人気を博した。『煙草と悪魔』という短編小説まで書いていた芥川龍之介は、愛煙家としても知られるが、終生愛したのがゴールデンバットだった。デザインの目印は二匹のこうもり。中国では幸福を招く象徴として人々にあがめられている動物で、国内発売前に輸出用たばことして中国大陸に売り出されたこともある。

第二次大戦中には、敵性語という理由で名前を「金鵄《きんし》」に改名。こうした軍部によるナンセンスな英語排斥を苦々しく思った学生やインテリたちは「バットがきんしになりました」と、金鵄と禁止を引っかけてウップンを晴らしたそうだ。

戦後に再びゴールデンバットとして復活したが、戦前戦後を通してパッケージ変更はなんと十三回に及ぶ。小型サイズといい色彩といい、魅力的な現在のデザインが登場したのは、昭和二十八（一九五三）年から。最近の若者たちにも人気なのは、値段の安さもあるが、パッケージデザインの〝カッコ良さ〟が大きな要因だろう。

ところで、現在売られている国産両切りたばこは、このバットと「ピース」「しんせい」の三種類のみ。日本たばこ産業によると、バットの売れゆきはあまり芳しくなく、「熱烈なファンへのサービスで発売しているようなもの」とか。とはいえ、「朝日」「いこい」「光」など次々と姿を消す中で、今日まで生き残るとは実力のある証しだろう。

【ピース】055

とある老舗の焼き鳥屋で、作務衣《さむえ》を着た頑固な店主が缶入り「ピース」からやおら一本を取り出し、燃えたままの炭を火ばさみで挟んで火をつけた。偶然その場に居合わせて、これは缶入りピースでなければ絵にならないと、感嘆させられた記憶がある。かつて〝日本のデザイン史を変えた〟とまで評されるピースのパッケージは、シックな色合いとモダンなデザインで、今眺めても飽きることがない。

もともとピースは公募デザインにより、小箱（十本入り）七円で昭和二十一（一九四六）

年に発売された。近年では辛口のたばことされているが、当時は味の良さはもとより〝軽いたばこ〟として人気があった。

サンフランシスコで講和会議が開かれた昭和二十六（一九五一）年、アメリカの商業デザイナー、レイモンド・ローウィが来日。彼はアメリカたばこ、ラッキーストライクのデザインを変え、驚異的な売り上げをたばこ会社にもたらしていた。戦後の平和日本を記念して売り出したピースを、平和条約締結の年にデザイン変更するのは意味あることと考えた当時の専売公社は、ローウィにデザインを依頼。こうして出来上がったのが現在のデザインだが、なんとデザイン料は、のちのちまで語り草となる大金百五十万円だった。当時としては度肝を抜くほどの額で「たかがたばこ箱の意匠代に大金、それも貴重な外貨を払わなくてもと国会で問題になったほど。しかし、これでピースの売れ行きは急増し〝包装はものいわぬセールスマン〟ということが改めて認識されたという。

いまだに人気を誇るのは、紺地に白文字が眩しいデザインのせいもあるが、味の良さもある。特に缶入りは、封を切る時の音とともに薫る甘い香りがなんともいえず素晴らしく、それが根強いファンを持つ理由だろう。

［上撰　ワンカップ大関］047　当時としては、画期的なブルーと白のラベル。〝いつでもどこでも飲める〟が基本コンセプト。コップから透けて見えるラベルの裏の美女が、今なお酒飲みを悩殺している。

「ポッカ100レモン」049　レモンがポピュラーではない時代には、画期的な便利さだった。かつては合成レモンだったが、今はレモン果汁一〇〇%であるとか。

「カルピス」048　マークの大きな円は健康、小さな円は家庭・スポーツ・アメニティ・ファッション・技術・国際性・情報の七つの価値感を表現している。このパッケージは平成四年のもの。

「UCC缶コーヒーオリジナル」051 平成七年にパッケージデザインが一新されたが、茶・白・赤の三色は変わらない。誕生時には、「ミルク入り」と書かれていたネ。「リボンオレンジ」050 瓶のシルエットは女性のように優しく、瓶コーラよりスマートで日本的だった。ダイヤカットタイプのこの瓶も昭和六十二年には現在のものに。かつてはリボンちゃんのついたコップが、どこの家にもあった。

〔森永純ココア〕052　大正九年、国産第一号で華々しく発売されたブレックファストココア（純ココア）。調整されたミルクココアより手間はかかるが、牛乳とよく練り合わせると、グーンと味は良くなる。

〔大日本明治の角砂糖〕053　このパッケージは現在、明治製菓のプライベートブランドとして販売中。大日本明治の製品は、バラ印の角砂糖として違うパッケージで全国発売している。

「ゴールデンバット」054　名前が「金鵄」だった時代には、蝙蝠のデザインが金色のトビだったことも。愛煙家だった作家の芥川龍之介が愛用したタバコでもある。
「ピース」055　紫紺の地にオリーブの葉をくわえた平和の鳩が描かれた不滅のデザイン。両切りならではの妙味は、トントンとたたいてタバコの葉を詰めること。

［太田胃酸］056　イラストは平成三年のパッケージ。このロゴマークの白色は涼しさ、水色は生薬の芳香、紺色は効き目を現すという。平成十一年四月から現在のものに変わった。

〔仁丹〕057　ドイツの宰相ビスマルクを図案化したというトレードマーク。瓶入りはもとより、携帯用におシャレなバラエティケース入りもある。

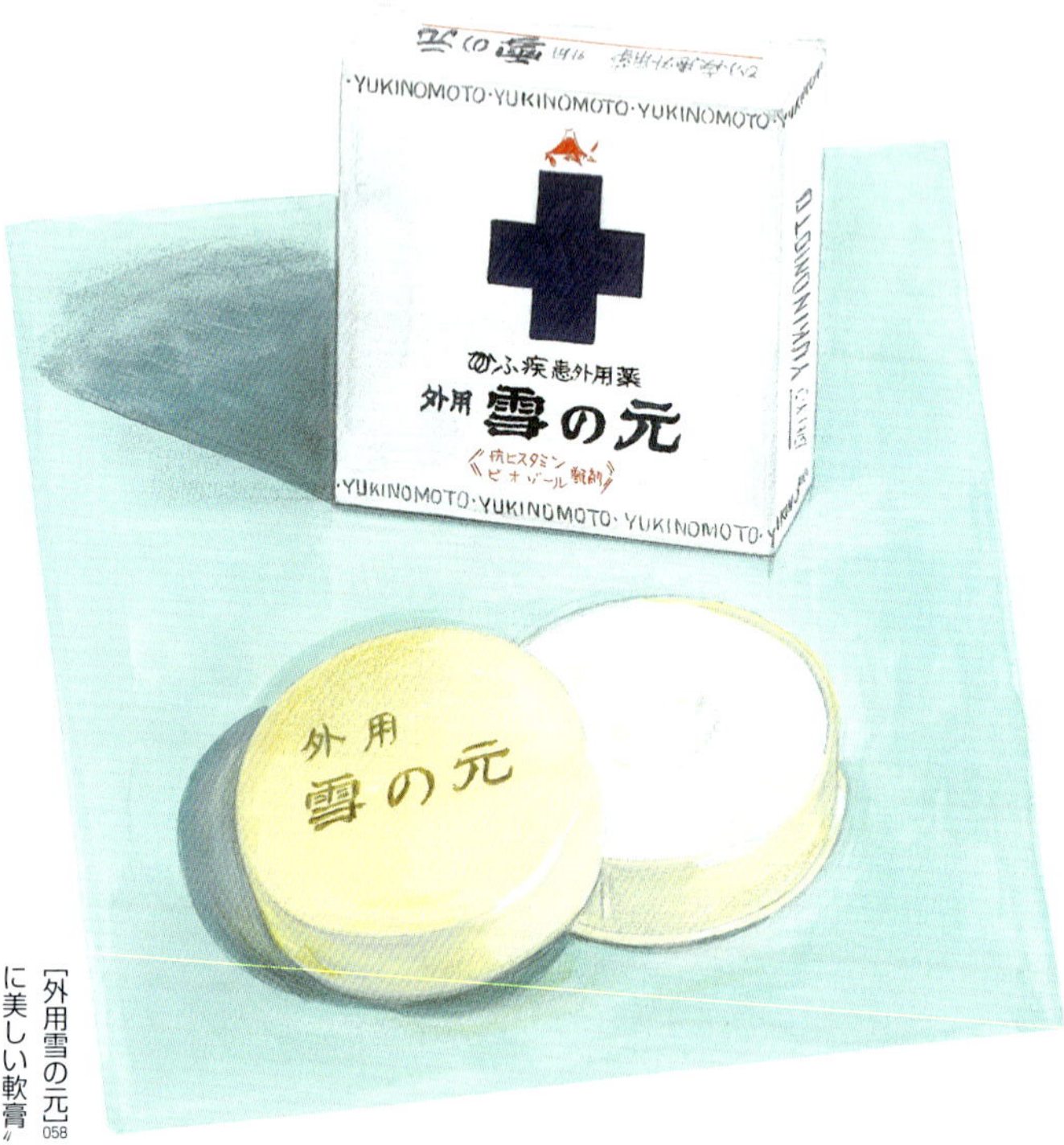

[外用雪の元] 058 ネーミングは、文字通り〝雪の肌のように美しい軟膏〟から命名された。何ともいえないスーッとする匂いが特徴。淡い黄色がベースの容器に、金文字でこれしか書かれていないのも新鮮だ。

「メンソレータム」059　軟膏の代表的なブランド。パッケージの〝小さな看護婦さん〟は、どんな痛みも消してくれそうな優しい表情が溢れている。

〔吸出し青膏〕060　ギンギラギンのパッケージは、一度見たら忘れられない派手さだ。幼年時代に、こっそりお世話になった人は数えきれないはず。

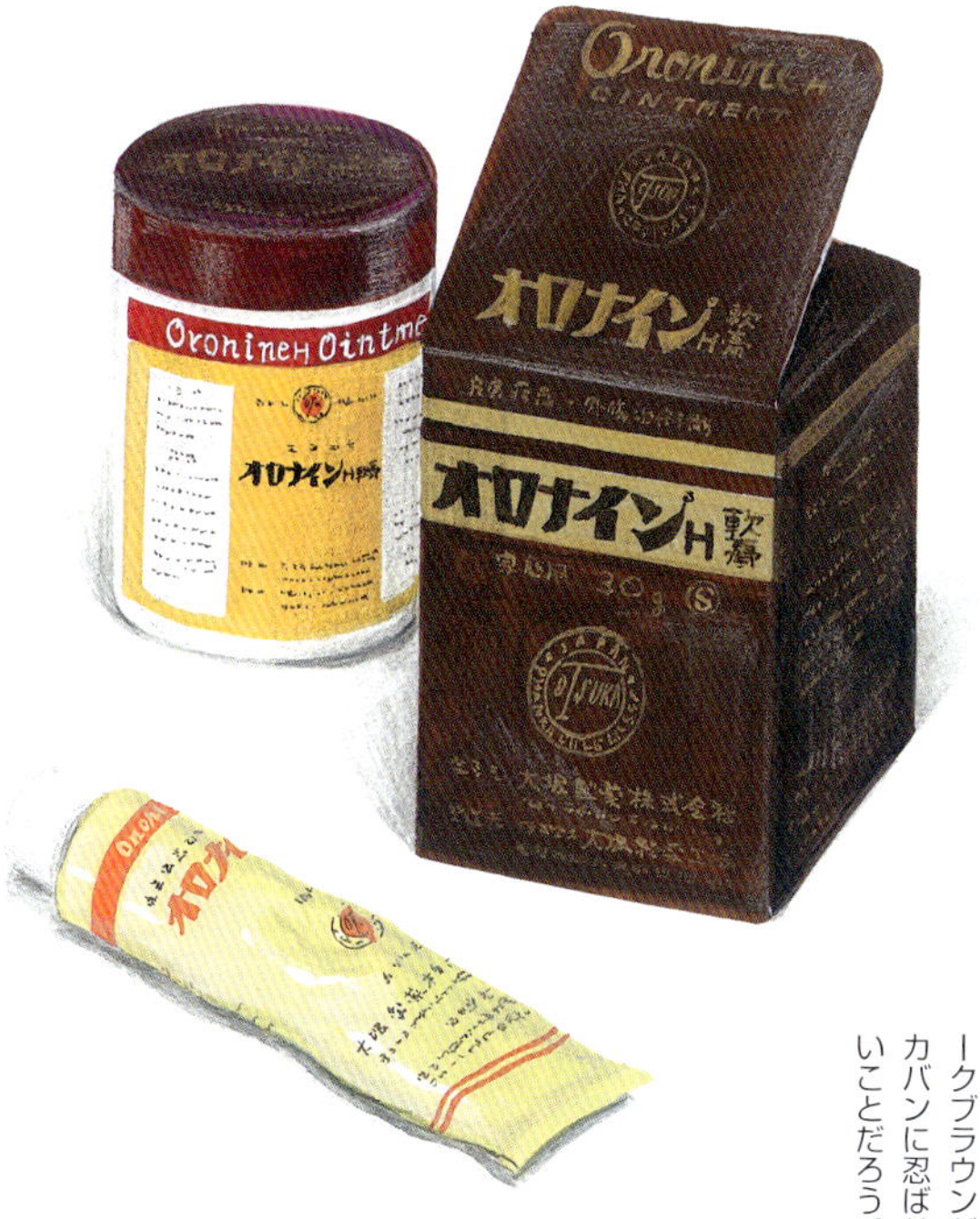

［オロナインH軟膏］061 なぜか信頼感を呼び起こす、ダークブラウンが主体のパッケージ。チューブ入りを旅行カバンに忍ばせ、スキンクリームとして重宝した人も多いことだろう。

「宇津救命丸」062　江戸時代から続く宇津家伝統の秘薬。子どもが夜中に泣き止まない時や引きつけを起こした時など、銀の小粒がお母さんの味方。

［救心］063　昭和三十九年から長らく〝心臓薬〟というキャッチフレーズだったが、五十九年から〝生薬強心剤〟へと変わった。昔から桐箱入りがあり、貫禄あふれる和漢薬といえる。

［ケロリン］064 発売から変わらぬパッケージデザインが郷愁を誘う。クラシックな薄紙に包まれた粉薬で、サラサラとしていて飲みやすい。

［キンカン］065　そのまま使える新製品もあるが、この蓋をひっくり返すとブラシが完成する旧タイプがやっぱり好き。この独特な飴色のボトルがいかにもキンカンで、中心部のへこみに注目あれ！

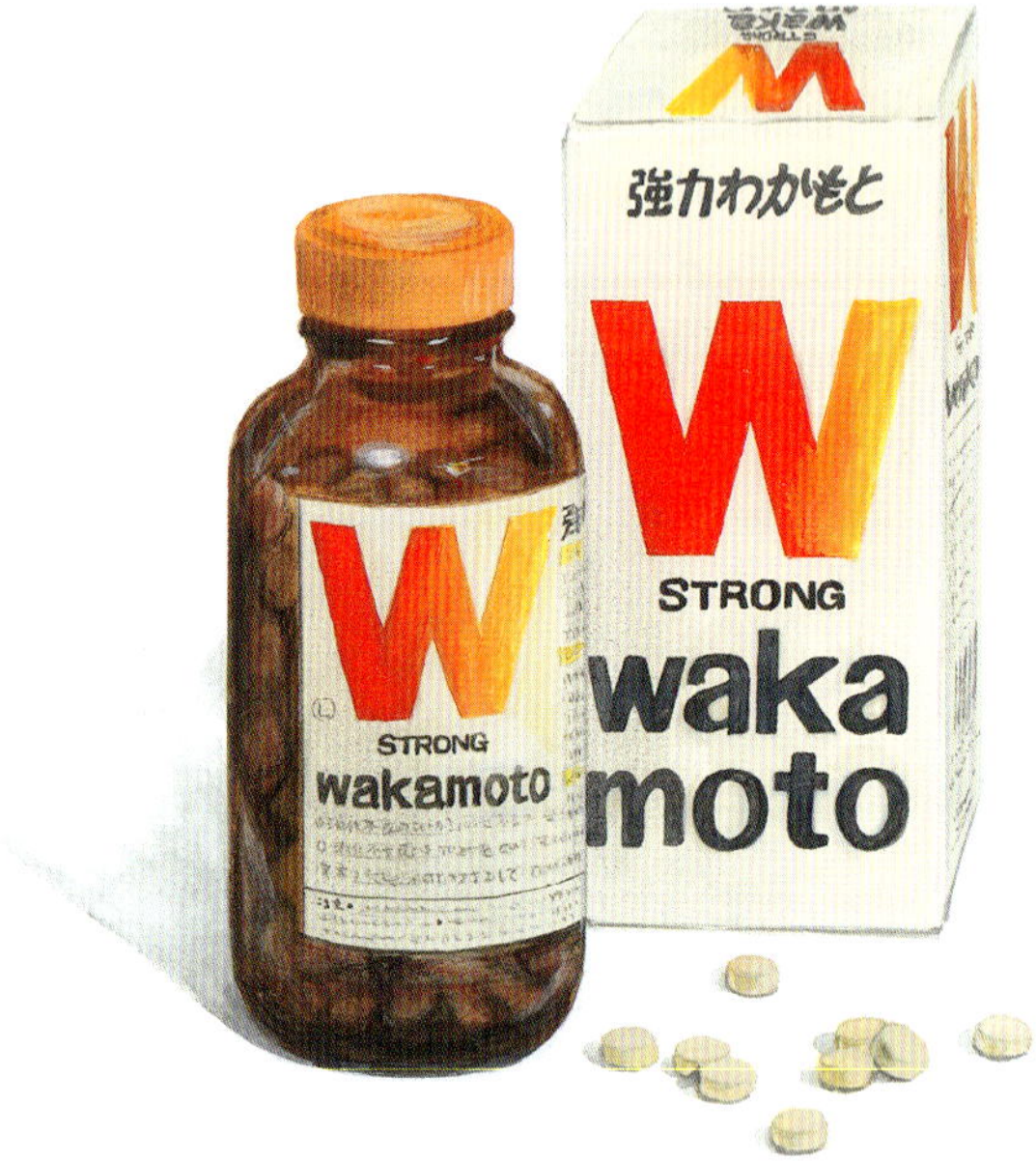

［強力わかもと］066 〝消化・整腸・栄養〟という三つの作用を持つ胃腸薬。昔からこのベージュ色で、苦くもなく辛くもなく、いたって飲みやすい。

第四章 薬粧常備箱
そなえあればうつくしさあり

あの〝パッケージ〟、
そういえばウチにもありました。
これぞ家庭の常備薬——。

【太田胃散】056

飲み過ぎや胃のもたれ、そして胃の痛みに古くから服用され、しかも愛されてきた「太田胃散」。おなじみのパッケージデザインは、白い円柱形の缶に濃紺と水色の帯が巻かれ、白抜きの文字が目に優しく映る。

太田胃散は、明治十二（一八七九）年に売り出され、百二十余年の歴史をもつ。創業者である太田信義は、下野国（栃木県）の下級武士の家に生まれた。明治維新後に地方官吏となるが、四十一歳の時に突然上京して商売を始める。体質的に胃弱だったが、たまたま名医・緒方洪庵の女婿である緒方拙斎に処方してもらった胃散がとても良く効いた。そこで、製造販売許可を得て、同十三年六月には東京・日本橋に「雪湖堂」を開店する。もともとの成分は、明治元（一八六八）年に来日したイギリス人医師ボードウィンの英国処方を譲り受けてつくったもの。アジアやヨーロッパ、アフリカなど世界各地から取り寄せられた生薬が、主体となっている。

家庭の常備薬として太田胃散が親子代々重宝がられている理由は、その〝味〟にあるといわれ、生薬の原材料は基本的に料理のスパイスやハーブと同じ。「服用するなら慣れ親しんだ味の胃腸薬を」という、潜在的な意識が大きく働いているようだ。大正初期には、アメリカや東南アジアにまで輸出されたが、戦後、売り上げは伸び悩む。というのも飢餓時代なので、食べ過ぎや飲み過ぎによる胃腸障害が少なかったからだ。

ところが、昭和三十年代にテレビ宣伝の時代が到来、さらに高度成長の波に乗って急成長を遂げる。現在も売り上げは、胃腸薬のトップクラス。分包の箱入りもあるが、やはり太田胃散らしさといえば缶入り。スプーンでほどよい分量を口中にほうり入れ、独特の味を確かめる。この小さな手間が、精神的にもプラスの効果が大きいような気がする。

【仁丹】057

古くは小津安二郎監督『早春』、新しくは林海象監督『夢見るように眠りたい』など、映画のシーンにもたびたび登場する仁丹塔。華々しい「仁丹」の広告ほど、人の心に潜むノスタルジアを揺さぶるものはない。昔はどんな家庭でも一度はお世話になった仁丹だが、使われ方はいろいろ。記憶をたどれば、口臭が気になる時や乗り物酔いをした時、飲まされた覚えがある。

さて、仁丹がこの名前で発売されたのは、明治三十八（一九〇五）年のこと。創始者である森下博は、広島県・沼隈半島の先端にある鞆町に生まれ、父は神主だった。明治十六（一八八三）年、十五歳の時に大阪に出て心斎橋の洋品店で奉公するかたわら、独立後に営む事業を考えていた。同二十六（一八九三）年には、薬種商「森下南陽堂」を創業。匂い袋や美容剤の発売を経て、やがて台湾従軍中にヒントを得た救急清涼剤の商品化に着手する。まずはネーミングだが、字画の少ない単純明快さで〝丹〟を下の字として使うのは決めた。ところが上に使う文字に悩み抜き、ついに選ばれたのが〝仁〟。

しかし、当時は天皇の名に用いられる特定の文字とされ、一般には使われていなかった。そこで漢学者に相談したところ、名前の場合はニンまたはヒトと読み、ジンとは読まないので差しつかえないとの意見。こうして生まれた仁丹だが、当初は赤大粒で、現在の銀粒が登場したのは昭和四（一九二九）年から。

明治四十（一九〇七）年には大阪駅前に大イルミネーション、大正十一（一九二二）年には東京・上野に大広告塔が建設され、仁丹の広告時代が幕を開ける。瞬く間に仁丹の大礼服マークの看板は、薬局のシンボルとなった。

【外用雪の元】058

かゆみや、しもやけなどに効く「外用雪の元」は、かつてどこの家にもあった家庭の常備薬。黄色がベースの素朴な容器は、「そういえばこの薬、家にあったなあ」と思い出される。

もちろん今でも愛用されている雪の元の歴史は古く、明治三十二（一八九九）年二月、初代・藤本作治郎が奈良県に大谷屋藤本薬房を創業。あかぎれ膏やっちの膏などの製造・販売をスタートさせた。作治郎は豪農、藤本家の養子だったが、生家は田原本の薬業家（現・薬王製薬）。売薬の製造や販売の経験をもつ彼は、十九歳で藤本家に入ってから製薬業を志す。ところが、内服薬を手がける生家との競合を避けて軟膏に限定したため、未知の分野に挑戦することになる。知識や経験を生かして処方を試みたが、軟膏が固まったり変色したりと失敗や苦労の連続。大きく発展するのは、あかぎれ膏やっちの膏を改良した雪の元が大正七（一九一八）年に製造許可を得てからだ。

おもしろいのは、軟膏の容器は戦前まで貝殻だったこと。とりわけハマグリは理想的な気密容器で、缶のように錆びることなく中身も変質しない。そのハマグリを使用した雪の元は、当初から〝品質管理がまず第一〟をモットーとする。厳選された原料を使い、しもやけから痔瘻《じろう》まで効能も広いため、全国的に売れ行きを伸ばす。昭和四（一九二九）年には、トレードマークに使われる「一富士、二鷹、三茄子」の商標権を獲得している。

【メンソレータム】059

かつて「メンソレータム」といえば、切り傷、しもやけ、虫さされなど、何にでも使われる万能の軟膏だった。お洒落な人は唇に塗り、受験生は、こめかみに塗って頭痛を治したという。

ところで創業者は、嘉永元（一八四八）年に米国マサチューセッツ州で生まれたアルバート・A・ハイドというキリスト教徒だった。ハイドは、二十代初めにウィッチタという小さな町に移り住み、銀行員を正業に教育委員会や教会の主要メンバーとして堅実な生活を送っていた。しかし、土地投機ブームで不動産に手を染め、十万ドルもの多額の負債を抱えてしまう。そこで彼は、明治二十二（一八八九）年に二人のパートナーとともに、後に「メンソレータム社」となる石鹼の製造会社を始める。四年間の研究の結果、同二十七（一八九四）年には二つの主要成分メンソールとワセリン（Ｐｅｔｒｏｌ　ａｔｕｍ）の語呂《ごろ》を合わせた新薬メンソレータムが誕生。

日本に初めて登場したのは、大正二（一九一三）年、ヴォーリスという宣教師による。日本での販売権を得た彼は、キリスト教伝道の志しを同じくする日本人とともに近江ミッション（後の近江兄弟社）を設立。同九（一九二〇）年、日本での製造販売をスタートした。昭和二十六（一九五一）年から、人気子役スターのシャーリー・テンプルをイメージした看護婦マークが登場。その可憐なマークとともに、ヒット商品の地位を固めていく。その後、近江兄弟社の倒産を経て昭和六十三（一九八八）年、ロート製薬が交渉し、米国本社を買収。今や三十アイテムの関連商品が販売され、同社の看板商品のひとつとなっている。

【吸出し青膏】060

この「吸出《すいだ》し青膏《あおこう》」の愛称が、〝たこの吸い出し〟と知れば、若い世代なら「なに、それーっ？」と言いたくなるだろう。しかし、「町田製薬」から発売されて八十余年の歴史をもつ、れっきとした医薬品なのである。

昔からよく「出物はれ物所嫌わず」というが、おできは、どこであろうと場所を選ばずにできるから困る。ところが、たこの吸い出しは化膿による取りにくい根を吸い出す働きがあるので珍重されてきた。暗緑色のこの薬をガーゼに少量つけ、それをおできの先端にあたるように置き、それから油紙をのせてバンソウコウでとめる。すると、配合成分のひとつで患部の皮膚を軟化させるサルチル酸の効能で、しばらくすると穴があく。そこに吸引力のある硫酸銅が働き、まるで本物の蛸《たこ》の吸盤のように、おできの根を吸い出してくれるというわけだ。

そもそも、このたこの吸い出しが考案されたのは大正二（一九一三）年のこと。創業者の町田新之介は本所のとある開業医の元で書生を務めるかたわら、明治薬業専門学校に通っていた。その時、おできに悩む人のための治療薬として作られたものだ。二年後に売り出されるが、二匹の蛸が旗をもつデザインとユーモラスな愛称が功を奏したのか、爆発的な人気を呼ぶ。ピーク時の一九六〇年代には、年間二百万個前後の需要があり、類似品も数多く出まわった。そのせいか、今でも箱の横には「御求メノ節ハ町田たこの吸出しト御指定下サイ」の文字が残されていて、微笑する。おできに悩む人が昔ほど多くはなくなった現代だが、今でもこっそり薬のお世話になるとしたら、このたこの吸い出しを試してみてはいかがだろうか……。

【オロナインH軟膏】061

オロナインはニキビや切り傷に効く塗り薬で、いつも家庭に常備されていたから、かなり古くからある薬と思っていたが、昭和二十八（一九五三）年の五月に誕生というから戦後生まれ。古くからあるような顔をしているのは、発売以来変わらないパッケージのせいだろうか。

オロナインは、アメリカのオロナイトケミカル社が開発した殺菌消毒剤の原液を、大塚製薬が軟膏にして商品化したもの。〝オロナイン〟という商品名は、そこに由来する。また、当初はただのオロナイン軟膏だったが、次に成分が多少変わってオロナインD軟膏となり、現在の「オロナインH軟膏」で三代目。オロナイン軟膏は類似の名前がたくさん商標登録されていて、その中から使われたのが後発の姉妹品「オロナミンCドリンク」である。知名度の高いオロナインに、ビタミンの「ミン」が組み合わされたらしいが、今の若い世代にはオロナミンCドリンクの方がポピュラーだろう。

それにしても古い話になるが、松山容子主演の『琴姫七変化』というテレビ番組を知っているだろうか。大塚製薬がスポンサーだったこの番組のヒットで、オロナインの売り上げが倍増したそうだ。

【宇津救命丸】062

古風な母と子どもの絵がトレードマークの「宇津救命丸」は、主に子どもの夜泣き、癇《かん》の虫、下痢などに使われる小児専門薬。その歴史は古く、江戸時代初期に誕生した〝家伝薬〟で四百年以上の信頼と実績をもつ。

そもそも救命丸を世に送り出したのは、下野国高根沢西根郷（栃木県）の名主・宇津権右衛門だった。宇津家は下野国の国主・宇都宮家の家臣だったが、宇都宮氏が豊臣秀吉の怒りにふれて城を追われたのを機に、慶長二（一五九七）年に帰農した。

言い伝えによれば、権右衛門が畑で野良仕事をしていると、年老いた旅の僧が行き倒れて苦しんでいた。家に連れ帰って手厚く介護したところ、まもなく回復。その老僧が宇津家をたつときに書き残した礼状のなかに、中国の古医書にも記載されている小児用漢方薬とそっくりの処方が書かれていたという。老僧が残した処方をもとに権右衛門が調合した薬は、その名も「金匱《きんき》救命丸」と命名され、はじめは近くの村の人々に無償で与えられた。やがて口コミで評判を呼び、関東一円から東北地方を経て全国に広まっていく。

「金匱救命丸」が全国ブランドになるのは明治に入ってからで、明治四十（一九〇七）年には「宇津救命丸」と改名。救命丸という名前の類似品があまりにも全国にあふれたせいで、宇津家代々に伝わる薬という意味をこめて宇津が頭につけられた。

ところで、当初は大人も使う胃腸の総合薬というイメージだったが、改名を機に小児薬に変わっていく。それは、直径二ミリという非常に小さな丸薬サイズに秘密があるようだ。

【救心】063

お世話になったことはないが、いつの間にか〝心臓の薬といえば救心〟とパブロフの犬のように条件反射してしまう。きっと、家庭の常備薬のひとつとして、いつも家にあったからだろう。「救心」の歴史は、創業者の堀正由が大正二（一九一三）年、知名度の高い漢方薬である六神丸を携えて富山から上京したのが始まり。当初は、ほかの業者と同じく置き薬からスタートしたが、先行の同業者と同じ土俵《どひょう》で勝負しても勝ち目がないことに気づく。そこで、世間ではあたかも万能の秘薬のように信じられていた六神丸から心臓の薬に的を絞ることにした。家庭をまわり歩いていると、六神丸は心臓に良く効くという声も多かったからだ。堀は、六神丸の処方から新しい和漢薬を生み出し、何の薬か印象づけるために〝救心〟というネーミングを考案、同時に商号も堀博愛薬房から救心製薬所に改める。また、販売方法も配置販売から通信販売に切り替え、マスメディアによる広告宣伝も積極的に行った。

ところで、合成薬より安全性の高い生薬のウイークポイントは、天然であるため、品質にばらつきがあること。この点をクリアするために彼は心を砕き、製品の均質化を図ったという。やがて、販売方法の斬新さと品質の安定性が功を奏したのか、売り上げは急速に伸びる。ついには、問屋を通して薬局で販売することになり、現在に至っている。

ちなみに、生薬の強心剤として定着している救心は、科学の裏づけが加えられた確かな有効性と、穏やかな効き目が特徴である。麝香《じゃこう》（ジャコウジカの腺《せん》分泌物）や人参《にんじん》（薬用ニンジンの根を乾燥させたもの）などが主成分で、動悸《どうき》や息切れ、気つけに優れた効き目がある。心臓の異常を知らせるサインに遭遇した時いたわりのひと粒として使ってみたい。

【ケロリン】064

銭湯でおなじみのプラスチック製の黄色い風呂桶を覚えているだろうか。

底に大きな「ケロリン」の文字、そのけばけばしい黄色が目に鮮やかに残っている。鎮痛剤の老舗ともいうべきケロリンは、そもそも富山の薬売りの配置薬からスタート。薬売りが各家庭に薬を置き、次の訪問時に減った分だけを集金してまた補充するという三百年以上の歴史を持つ合理的商法である。なにしろ、今でも売り上げの半分が配置薬というからすごい。

内外薬品商会は、富山県内の製薬会社へ原料を供給する薬品問屋として明治三十五（一九〇二）年に設立された。大正十三（一九二四）年には都合により解散するが、営業担当だった笹山林蔵が事業を継承。内外薬品商会として個人経営で始め、医薬品を販売するかたわら薬剤師の長男・順蔵が鎮痛剤ケロリンを製造販売する。

大正十四（一九二五）年に売り出され、鎮痛剤としては歯痛用の水薬（塗り薬）しかない時代なので大いに人気を博した。〝飲んですぐ効く〟速効性と神経痛や頭痛にも効果を発揮したこと、さらにユニークな名称も広く愛された要因という。

昭和三十年代に入ると、サトーハチロー作詞、服部良一作曲による懐かしいCMソング「♪ケ〜ロリンケ〜ロリン青空晴れた空」（歌・楠トシエ）が登場。心地よい響きが今も耳に残る。昭和四十年代には風呂桶に文字が入るのだが、なんと一番最初に手がけたのは銀座の東京温泉だった。

ともあれ、発売時からのクラシックなパッケージを頑固に守るケロリンに、〝こだわり〟の書き手としては敬意を表したい。

【キンカン】065

虫さされを治す薬は数々あるが、塗った後の爽快感《そうかい》といえば、「キンカン」にかなわないだろう。ところで、「キンカン塗って、また塗って〜」のCMソングは有名だが、実は火傷《やけど》に効く薬として開発されたことは余り知られていない。「金冠堂」の創業者である山崎栄二は、明治二十八（一八九五）年、福井県の農家に生まれた。大正五（一九一六）年には、舞鶴の海兵団に衛生兵として入団。この経験を生かして「火傷《やけど》に効く薬を作ろう」と決意、執念の実験を繰り返す。昭和初期には念願の外用万能薬が生まれ、キンカン（金冠）と命名する。当時、朝鮮の慶州で古代王族の金冠が発掘されたことから名づけられた。だから植物の金柑とは関係がない。薬が完成したとはいえ、右から左に売れるわけではない。当初は、本人自ら煮えたぎった湯を腕にかけ、キンカンを塗って効果を宣伝したという。しかし、昭和十六（一九四一）年には軍の救急薬として採用され、いちやく全国的に広まった。また、フジテレビの人気番組だった「キンカン素人民謡名人戦」のせいか、戦後世代にもなじみ深い。

当初は火傷の薬だったキンカンの主成分は、アンモニア、メントール(薄荷《はっか》)、カンフル(樟脳《しょうのう》)の三つ。製氷にも使われるアンモニアには冷却作用があり、メントールは塗布《とふ》部を麻痺させるので痛みや痒《かゆ》みを軽減する。カンフルも、同じく皮膚を刺激して麻痺させるので打ち身、神経痛に効く。〝虫さされにはキンカン〟というイメージは定着しているが、実は肩こり、腰痛、打撲などにも効能があるのだ。

【強力わかもと】066

SF映画の傑作『ブレードランナー』に、「わかもと」が登場していたのを知っているだろうか。未来世界のシーンで、コカ・コーラの看板とともに、わかもとのロゴマークがアップで映し出され、仰天したものだ。家庭の常備薬としてなじまれるが、実をいうと、幼い頃は何の薬かわからなかった。消化不良や食べ過ぎ、便秘にも効く胃腸薬と知ったのは、大人になってからだった。

昭和四（一九二九）年に売り出されたわかもと(若素)は、初代社長・長尾鉄弥によって考案された。彼は大正から昭和にかけて乳幼児の死亡率が、当時の生活水準からくる栄養状態の悪さであると気づく。その改善のためにビール酵母に着目、研究・開発して大衆向けの栄養胃腸薬を発売した。ネーミングは、栄養や身体の調子を良くすることで、「元気になる、若返る、若々しい↓若さの素のくすり↓若さの素↓若素」から名づけられた。しかし、その二年後には若素をわかもとと改名。さらに、昭和三十七（一九六二）年、消化酵素や活性乳酸菌を強化して「強力わかもと」に改める。

また、マークは外国映画が大好きな長尾社長が見たある映画に、スポーツ大会のシーンがあり、登場した砲丸投げの選手に魅せられたことによる。はつらつとして美しい身体がわかもとのイメージに合うので、デザイン化された。

映画好きな創立者と『ブレードランナー』の結びつき、奇縁というものだろう。

【パンシロン】067 胃腸薬「パンシロン」

といえば、テレビCM「パンシロンでパンパンパンパンパン〃」をすぐに思い出す人は多い。けれども、あまりにも耳になじんだ〃パンパンパンパン〃が、どういう意味かは知らない人の方が少なくないだろう。パンシロンが売り出されたのは昭和三十七（一九六二）年。「パン」はなんと「汎」の意味で、処方を強化し、総合胃腸薬として飲み過ぎ、食べ過ぎはもとより、幅広い症状に効くことを表している。そもそもパンシロンの前身は、戦後の昭和二十九（一九五四）年に発売された「シロン」。大衆向け胃腸薬を代表する商品で、発売後八年ほどで市場シェアの約半分を占める人気だった。「シロン」の名前は、社長の山田輝郎が、ヨーロッパ外遊で訪れたスイス・レマン湖畔の古城から命名。美しい響きが気に入り、帰国するとすぐに商標登録したという。

ちなみに、ロート製薬のルーツは、明治三十二（一八九九）年に創業された信天堂山田安民薬房。十年後に発売されて大ヒットした「ロート目薬」から、昭和二十四（一九四九）年に現在の社名「ロート製薬」に変更している。

パンシロンは発売当時、二十一包入りで二百円。胃液の分泌を抑える制酸剤をバランス良く配合し、スーッとする爽快感で薬の効き目を実感できることなどが人気の秘密だった。渥美清や大橋巨泉など大物タレントが起用されたテレビCMの影響力も大きく、昭和四十年頃には胃腸薬シェアの三〇％を超えていたという。

ところが、漢方薬人気の高まりと、他メーカーの食前に飲むタイプの胃腸薬が若い人に受けたことなどで、パンシロンのシェアは低下。巻き返しを図るため、平成三（一九九一）年十月にはパッケージデザインが一新された。姉妹品「パンシロンG」とは違って、胃を象《かたど》った丸みのある可愛いマークが使われ、若い女性にも受けそうだ。老舗メーカーといえども、大胆なリニューアルをしなければ難しいほど、胃腸薬も競合の時代らしい。

【新ルル-A錠】068

カゼ薬といえば、反射的に思い出すのが「クシャミ三回、ルル三錠」という、たった十文字のキャッチフレーズ。昭和三十一(一九五六)年に誕生したこのキャッチは、〝ルル〟を錠剤型カゼ薬の代名詞にしたほどである。

生みの親は、三共の宣伝課に所属していた林完爾。咳薬として発売されていた「ブロコデ」と「ルル」をかみ合わせたキャッチが要求され、当初は「セキにブロコデ・カゼにルル」が考案された。しかし、林は使い方をコピーに織り込むことはできないかと考える。処方せんには「二錠ないし四錠」とあるが、四錠では多く飲まなければ効かないようだし、二錠では迫力に欠ける。三錠なら三共の三とも語呂合せがいいので、まず「今年のカゼにはルル三錠」が生まれた。

さらにもっといいコピーをと模索し、カゼの初期症状を端的に表すクシャミから前述の名コピーが生まれる。作り手の苦労が偲ばれるエピソードである。ところで、ルルの発売は昭和二十六(一九五一)年。パブロンが同二十八年、ベンザが同三十年というからカゼの大衆薬では草分け。〝ルル〟とは、「鎮める、病気を治す」という意味のラテン語の変形。

ひとくちにルルといっても姉妹品が数多く発売されているが、誕生以来の錠剤型を頑固に守るのが「新ルル-A錠」。カゼ薬の成分は年々変わるそうで、現在のものは平成九(一九九七)年から登場。パッケージも少しずつデザインが変化しているけれど、原形をなく

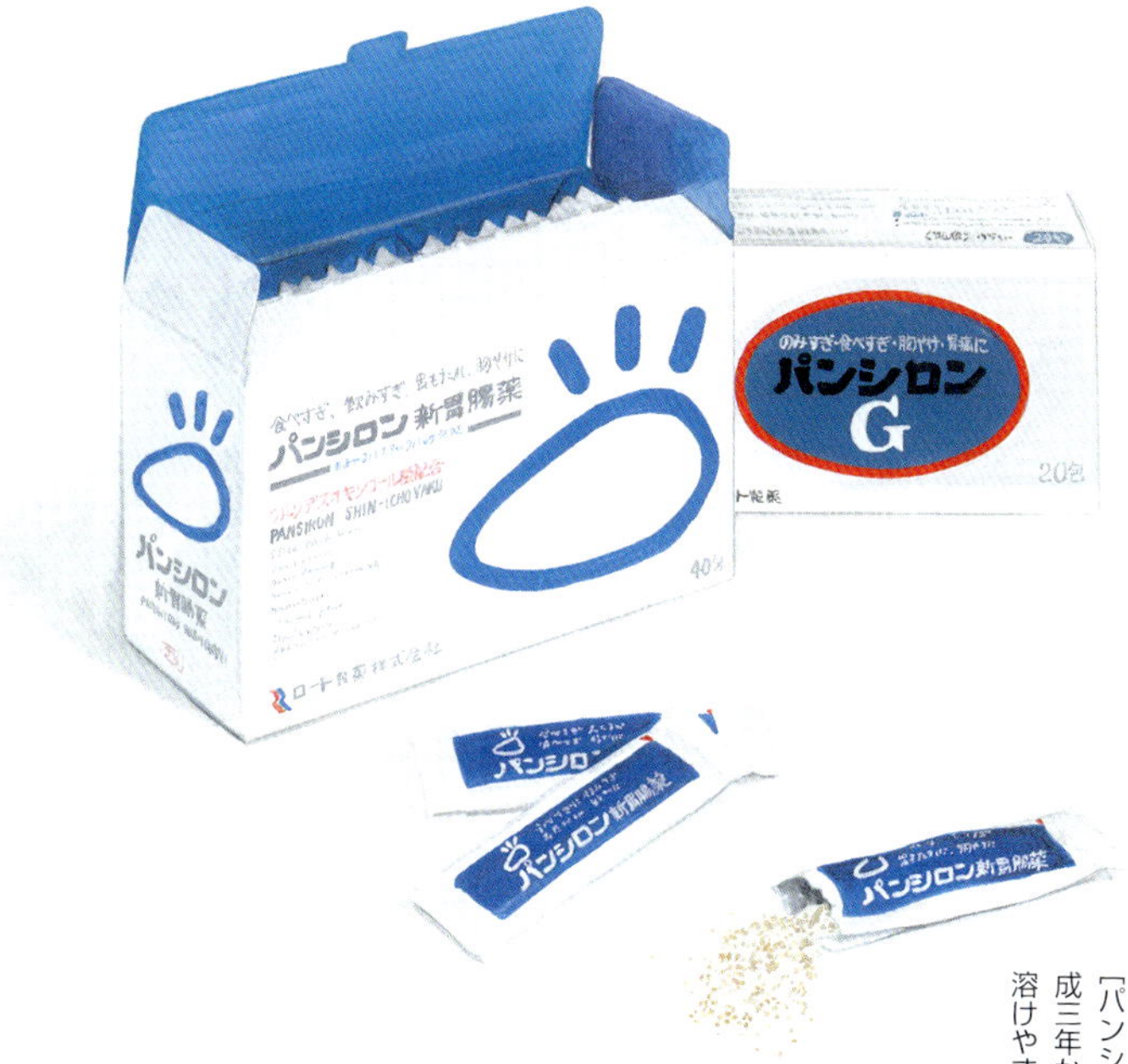

「パンシロン」067 この可愛いパッケージデザインは、平成三年から登場。スティックパック包装で、飲みやすく溶けやすい二色の顆粒が特徴。

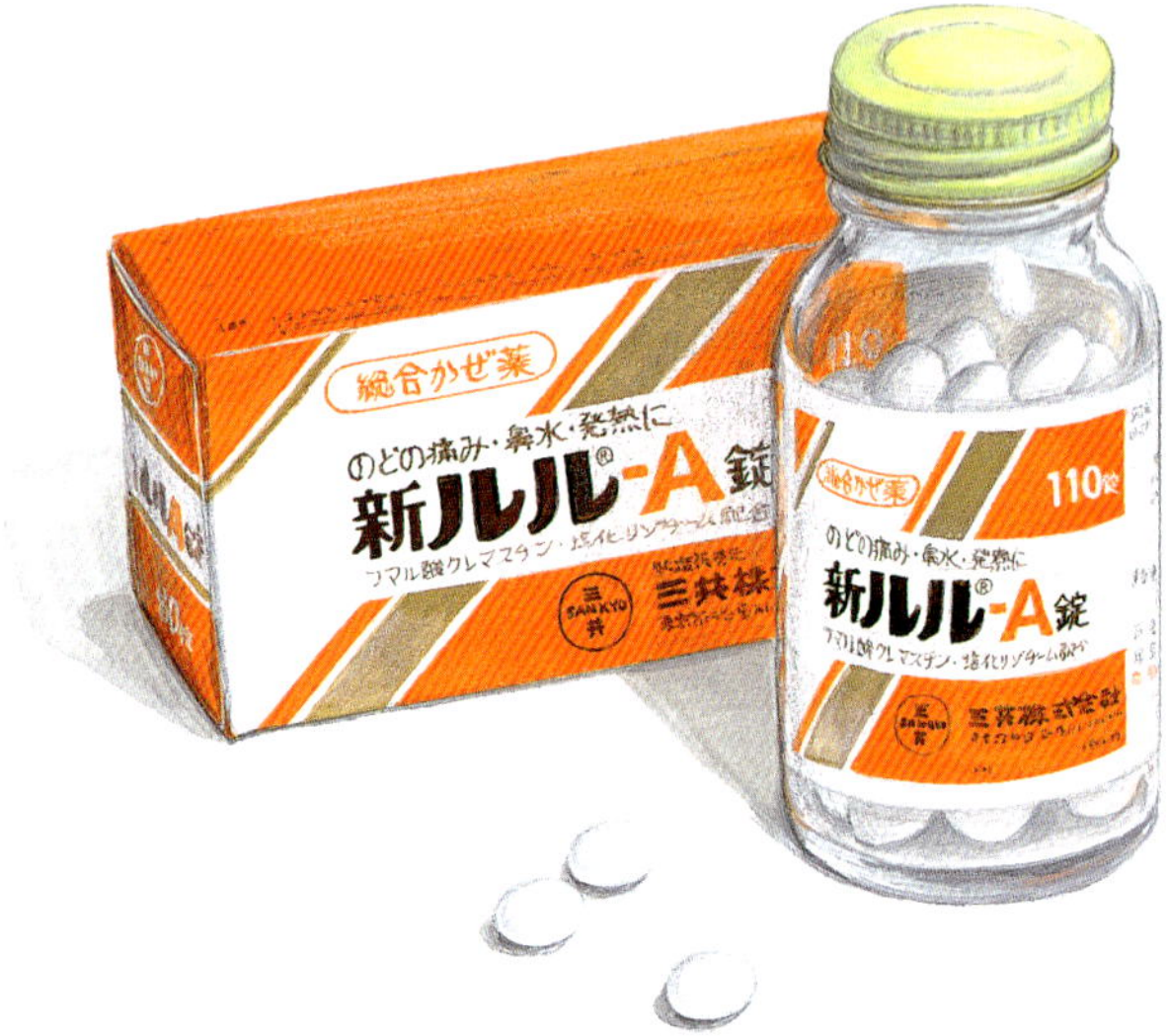

〔新ルル-A錠〕068　「クシャミ三回、ルル三錠」の名コピーで、昭和三十一年にはカゼ薬の王者に。抗ヒスタミン剤配合により、クシャミ、鼻みず、鼻づまりに良く効くという。

「オロナミンCドリンク」069　キャップのデザインは何度も変わっているが、瓶のパッケージデザインは発売当時とほとんど同じ。ドリンクの瓶が茶色なのは、ビタミンCなどが破壊されるのを防ぐ遮光のためという。

〔養命酒〕070 トレードマークの〝飛龍〟は、日本で最も古い商標のひとつ。アルコール分が十四度もあるので、人によってはほろ酔いになることも。シロップのように甘く、口あたりがイイ。

［ヘチマコロン］071 優しい微香性、低刺激で　さっぱりとした使い心地。愛用している人は、なぜかファッション関係者が多い。このコロンとしたロゴタイプが、レトロ感覚を喚起してくれる。

［丹頂チック］072 飛翔する丹頂鶴と松をあしらったトレードマークが、なんとも郷愁を誘う。黄色が特徴で、香りはラベンダーの優しい匂い。

［大島椿］073　黄色い箱に赤い椿の花一輪というパッケージが印象的。この良さは、毛髪にしなやかな潤いを与え、枝毛や切れ毛を防ぐこと。

〔加美乃素A〕074 「加美乃素」とは、髪だけでなく美と健康を追求するためのブランドという。東南アジア向けには、「髪乃素」という名前で輸出されている。好き嫌いが分かれる強烈な香りはジャスミン。

［ドルックス化粧品］075　右から乳液、真ん中が収斂化粧水、左が一般肌用化粧水。銀地に墨一色、洗練された花模様が描かれたパッケージは、今でもモダン。

［ロゼット洗顔パスタ］076　最初に容器のフタを開け、中心にあるつまみを引き抜く。ロゴタイプのデザインといい、容器の形といい、まさしく古典的なスタイル。

［マダムジュジュ］077　衝撃的な宣伝コピーで売り出されたマダムジュジュ。配合された卵黄リポイドが、素肌を肌荒れから守り、しっとり肌を整えてくれる。

マダムジュジュ
Madame Juju
Madame Juju
ロゼット
洗顔
普通肌

［タバコライオン］078　世に登場してから三十数年、愛煙家には欠かせない歯磨き粉。飽きのこないシンプルなデザインもいい。喫煙家特有の口臭をカバーする香料カシュースパイスを使用しているとか。

【MG5】079 男性化粧品シリーズとしては国産初めて。かの花椿マークはフタの上部とボトルの底にある。一度見たら忘れられない黒と銀のダイヤカットチェック（元禄格子柄）が特徴だ。

［ヤマト糊］080 自然素材のノリだから、嘗めても大丈夫。矢が突き刺さったサクラがトレードマーク。いかにも、ヤマト株式会社の社名にふさわしい。

［セメダインC］081 この強烈なラベルが、大正十二年生まれとは驚き。創業者は、とてもモダンな人だったのだろう。

「スクラップブックD」082　棚に並んでいても、一目でわかるコクヨのスクラップブック。クラフト紙特有の手触りが心地よい。情報の達人になるためには、これを使いこなすのが重要な時代もあった。

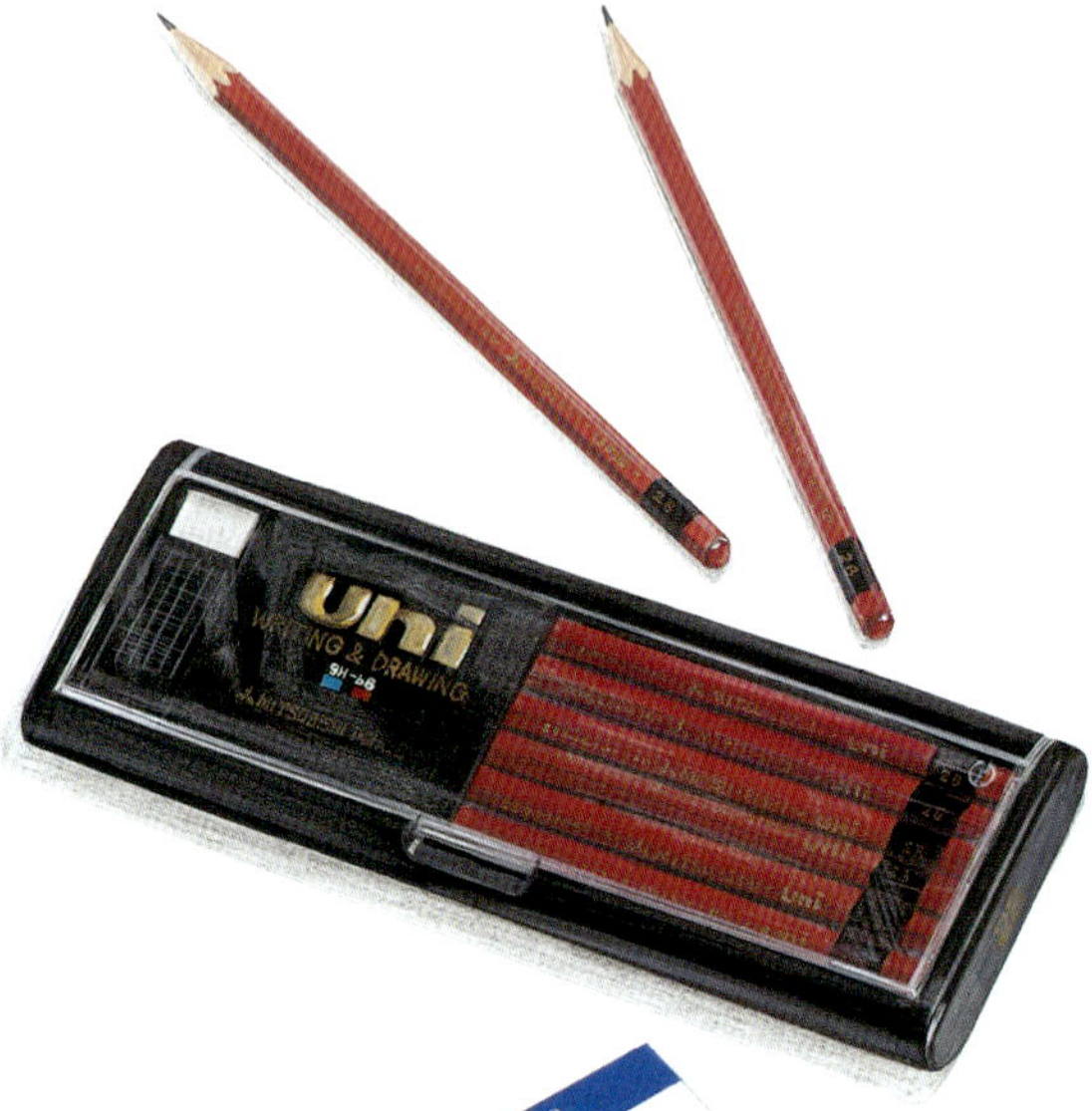

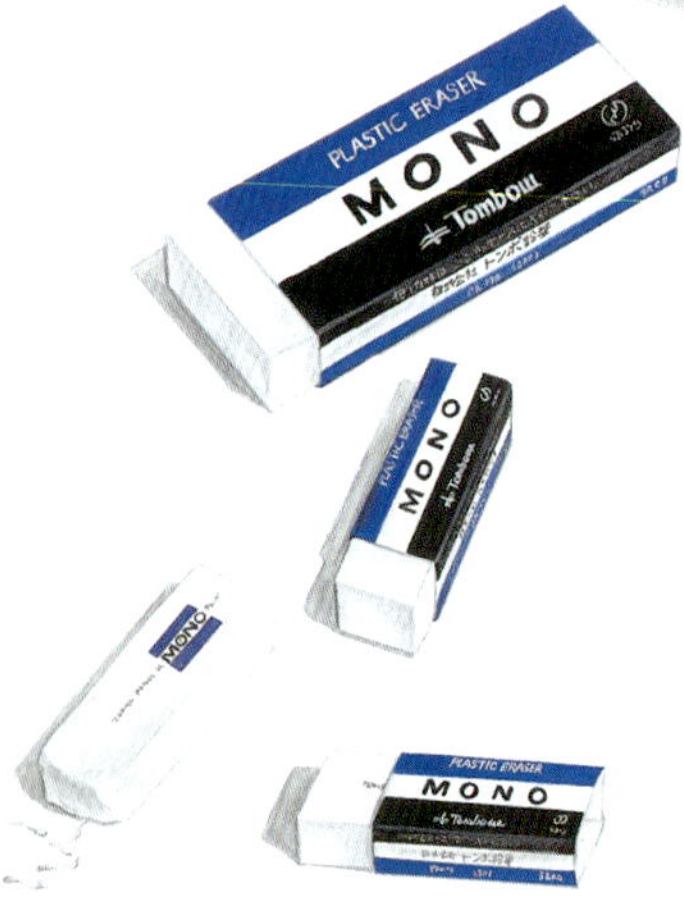

〔三菱鉛筆ユニ〕083 当初からダース売りが意図され、容器は筆箱として使えるように考案された。濃く、きれいに書ける芯は疲れ知らず。

〔MONO消しゴム〕084 紙を痛めることなく、鉛筆の文字をスーッと消せるのがいい。〝MONO〟とは、もともと均一とか単一という意味だという。

「サクラクレパス」[085] このクレパスのロゴタイプは昔、右から左に読むようになっていた。箱の裏には今でも、あか、はいいろと平仮名で色名が書かれ、ほほ笑ましい。「ぺんてるエフ水彩」[086] カラフルなチューブが整然と並ぶさまは、子ども心をときめかせたものだ。

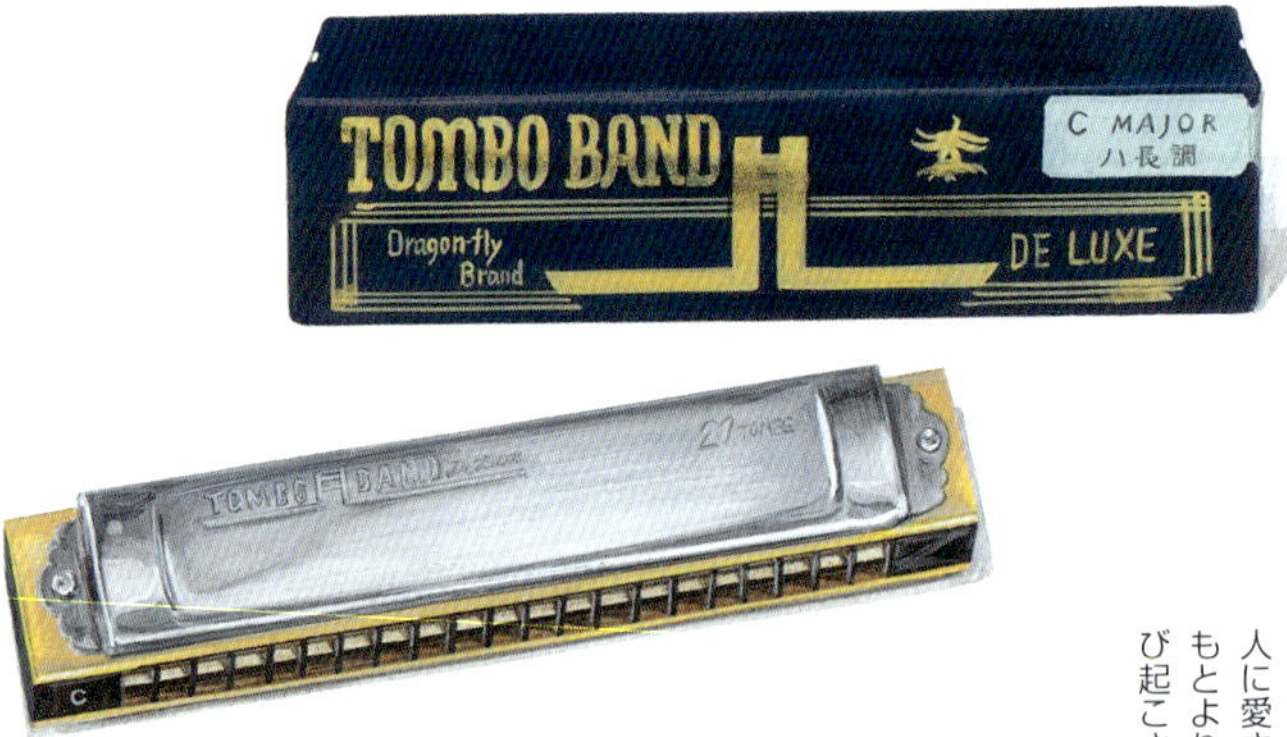

［特製トンボ・バンド］087　発売から七十年以上、多くの人に愛されているトンボ楽器の複音ハーモニカ。音色はもとより、クラシックな木製の本体にノスタルジーを呼び起こされる。

さないように努力がなされている。ちなみに、平成十三（二〇〇一）年には発売から五十年を迎えるという。

【オロナミンCドリンク】069

数あるドリンクの中で、スタンダードな人気を保つのが「オロナミンCドリンク」。CMの元祖キャラクターは大村崑で、発売されたのは昭和四十（一九六五）年四月。すぐにベストセラーとなれば華々しいが、現実はそれほど甘くない。

当時の内服液といえば、アジア製薬のアンプル入りベルベ内服薬が人気で、中外製薬のグロンサン内服液が後を追っていた。大塚製薬は瓶入りドリンク剤の草分け「グルクロン酸ビタミン内服液」を発売するが、売れゆきは悪く、一年後に生産を中止。昭和三十七（一九六二）年には、〃レモン十五個分ビタミンC入り〃が謳い文句の男性用キングシロー、女性用クイーンシローを売り出すが、大正製薬のリポビタンDに負けて撤退する。そこでオロナミンCドリンクが、徳島名産のすだちにヒントを得て、万人向け炭酸入りドリンクとして独自に開発された。ネーミングは、オロナイン軟膏の発売時に登録された連合商標のひとつを使用している。

ところが誤算は、炭酸入り飲料は医薬品としての許可が下りないこと。したがって薬局では販売されず、当初は小売店でしか売られていない。売れゆきが好転し始めたのは三年後で、CM「元気ハツラツ、オロナミンC」も定着した。年間三億本を記録した昭和五十（一九七五）年には、ライバルのリポビタンDを抜く。平成元（一九八九）年には、オロナミンCの累計売り上げは百三十二億本に達している。炭酸の入ったさわやかな味が、時代や性別を超えて支持されているのだろう。

【養命酒】070

テレビCMでおなじみの「養命酒」だが、わたしはこれまでに一度も飲んだことがなかった。貧血や冷え症、虚弱体質に効くというから、無縁だったのだろう。初めて飲んでみると、シロップのように甘いが、なぜか後味はサラリ。きつい匂いは気になるものの、薬用酒特有のものと思えば効能あらたかなるものがある。

ところで、養命酒の歴史は古く、信州伊那の谷大草（長野県）の塩沢家当主・塩沢宗閑によって創製されたという。宗閑翁は、慶長年間のある大雪の夜、行き倒れになっている旅の老人を救った。その老人はしばらく塩沢家の食客となっていたが、三年後に薬酒の製法を伝授して立ち去った。そこで宗閑翁は、「世の人々の健康長寿に尽くそう」と深山幽谷を歩き薬草を採取。薬酒を造って慶長七（一六〇二）年、これを養命酒と名づけた。翌年、江戸幕府が誕生したので徳川家康に養命酒を献上。後に幕府から「天下御免万病養命酒」と免許され、その象徴として〝飛龍〟を目印として使用することを許された。以来、この飛龍が養命酒のトレードマークとなり、日本では最も古い商標の一つといわれている。さらに大正十二（一九二三）年には、天龍館（養命酒製造の前身）が設立され、塩沢家から事業を継承して全国に広まる。現在のボトルデザインは昭和五（一九三〇）年から変わらず、朱色が鮮やかな箱のデザインもおなじみのものとなっている。

ちなみに愛好者の性別では、男性と女性の比率が半々。男性は六十歳を中心に八十歳ぐらいまで、女性は五十歳を中心に二十代から八十代と幅広い。大人は、プラスチック容器の目盛り（20ミリリットル）が一回分。アルコール分が十四度もあるので、酒に弱い人は結構ほろ酔いになる。長らく滋養強壮剤として知られているが、薬局だけではなく酒屋でも売られていることはあまり知られていないようだ。

母の香り・父の匂い。大正ロマン漂う、化粧品の傑作――。

【ヘチマコロン】 071

使ったことのない人でも、あのコロンとした独特の文字がトレードマークの広告を見た覚えはあるはず。竹久夢二が描くところの大正美人の絵が添えられ、とても印象的である。

最近はナチュラル志向の化粧品として人気の「ヘチマコロン」だが、小間物問屋の名門で知られる「天野源七商店」から売り出されたのは大正四（一九一五）年。大正モガ（モダンガール）で知られる当時の女性たちの圧倒的な支持を得て、化粧品の代名詞にまでなったという。

人気の秘密は、配合されている天然ヘチマ水。江戸時代から〝美人水〟と呼ばれるヘチマ水（ヘチマの抽出液）には、肌を滑らかにするタンパク質や糖水、ビタミンなどがバランスよく含まれる。使用すると、素肌のバランスが整えられ、しっとりとした潤いとキメの細かさが生まれる。また、弱酸性で刺激が少ないため、肌にとても優しい。となれば、

使ってみたいと思うのが女心。夢二作詞による「ヘチマコロンの唄」には、

うつら春の日　夢心地　ヘチマコロンの　におやかさ　肌ほのぼの　小麦いろ
とてもイットが　なやましい

とあり、大正モガに受け入れられた人気のほどが偲ばれる。

ところで、戦後の昭和二十七（一九五二）年、天野源七商店は解散。現在の「ヘチマコロン」はその翌年、商権を引き継ぐため、天野源七商店と関係の深い「大山」と、戦前から自然化粧品を販売する「中島一誠堂（当時藤村一誠堂）」との共同出資で創立された。一時は低迷していたが、自然化粧品ブームで、再び人気が上昇するのは昭和五十五（一九八〇）年から。ひそかに女優やモデルが愛用していることが評判となり、そのレトロ感覚も若い世代に受け入れられた。よく広告で見かけた夢二作詞「ヘチマコロンをつけた夜は　人に待たれてゐるやうな……」のクラシックさは、現代の女心にも通じるようだ。

【丹頂チック】072

なぜかしら、「丹頂チック」は父の匂いがする。かつて洗面所には、シェービングカップとブラシ、そしてその横に必ずこれがあった。女人禁制の雰囲気を漂わすそのコーナーに、女性と子どもは近寄りにくかったものだ。

男性整髪料のパイニオアである丹頂ポマードは、大正十二（一九二三）年、大崎組（後の丹頂、現マンダムの前身）から発売された。広告ポスターのモデルに当時〝世界の恋人〟

と騒がれた俳優のルドルフ・バレンチノが起用され、大ヒット商品となる。それまで和服にザンギリ頭の男たちが、スーツにポマードでキメて街を闊歩《かっぽ》したという。

ところで、チックが日本に輸入されたのは明治三十五（一九〇二）年頃。それまでの鬢《びん》付《つ》け油に代わって男たちの大きな支持を得たが、製造技術などの問題でフランスのピノー社の製品が市場の大部分を占めていた。それに対抗できる国産品として、丹頂チックが売り出されたのは昭和八（一九三三）年のこと。当初は大型と中型の二種類で、値段は大型一円二十銭、中型七十五銭。ピノー製品に比べて高価だったが、発売後わずか半年で市場ナンバーワンとなり、翌年には模造品が登場するほどの人気を呼ぶ。

というのも、大正末期から昭和にかけてモボ・モガが台頭、男性の髪形もオールバックやリーゼントスタイルが流行したから。そんな時代の波に乗り、「日本初の植物性チック」と銘打つ丹頂チックは大いに売れる。今でこそ若者たちの整髪料はスタイリングフォームだが、昔は丹頂チックが主流だったのだ。不滅の銀幕スター、ジェームス・ディーンでおなじみのリーゼントにするため、昔の若者たちも鏡の前で苦労したのである。

【大島椿】073

傷んだ髪のケアに有効なのは、知る人ぞ知る天然の椿《つばき》油「大島椿」だ。椿油は、髪につけたあと長時間たっても乾かないことや毛髪がしっとりするなどの特長があり、時代の流行とは無縁に今日まで使い継がれてきた。

昔から愛用されている大島椿は、昭和二（一九二七）年に一円五十銭で売り出された。当時は今のようにヘアケア用品が豊富ではなく、髪型も日本髪が多かったため、ほとんどの人が整髪用に椿油を使っていたという。創始者の岡田春一は早稲田大学在学中、卒論のテーマのために大島に渡る。三原山を背景にした大島の雄大な自然にほれ込んだ岡田は、椿油の優れた品質に着目。これによって大島の産業を発展させたいと、以後椿油一筋の道を歩むことになる。当初は製油所に卸してもらいながら販売していたが、すぐに合資会社大島椿製油所を設立。さらに、椿油の品質の良さをアピールするため、瓶やパッケージも独自のデザインに変えた。パッケージデザインが今のものになるのは後年だが、瓶は現在も原形をとどめている。また、〝伊豆大島の椿油〟としてPRするため、独特の衣装をまとう島の女性たちを乗せたバスを何台も走らせたり、デパートで椿油を搾《しぼ》るプロセスを見せて実演販売するなど、珍しいキャンペーンを積極的に行った。

戦後はヘアスタイルが変わり、同社もそれとともに椿油配合のシャンプーやチック（コスメチック）なども発売したが、看板商品はあくまで大島椿である。創業当時から変わらない純粋な天然椿油であることが、長く支持されている理由だろう。

【加美乃素A】
074

昔から〝髪は女の命〟といわれているくらいだから、いつの時代も美しく豊かな髪は大切な財産である。若い人たちにも、髪という漢字をもじった「髪は長ーい友だち」というCMでおなじみなのが「加美乃素A」。養毛剤のパイオニアとして発売され、半世紀以上も支持されているヒット商品である。

加美乃素本舗の創業者である山敷捨太郎は、明治二十五（一八九二）年に滋賀県で生まれた。父親と死別して山敷家の養子となり、幼い頃から丁稚奉公《でっちぼうこう》などをして苦労を重ねる。同四十一（一九〇八）年には、「紙白粉《かみおしろい》」（携帯用）の輸入販売を手がけ、昭和七（一九三二）年から加美乃素を売り出す。価格は百ミリリットル一円四十銭だった。じわじわと売り上げを増やす加美乃素の転機は、民間テレビ開局後すぐ始めたCM。安西愛子が「緑の小箱は加美乃素」と歌うテーマソングが大流行したのだ。さらに新聞広告の名コピー「うそかまことか？」が人気を呼び、年間売り上げ本数は昭和二十八（一九五三）年の五十万本から十年間で五百万本まで伸び、八割のシェアを占めたという。

幼い頃、あの強烈なジャスミンの香りが洗面所から漂ったものだ。今思うと、あれは父と母のどちらが使っていたのか記憶がない。頭髪の悩みは男女共通というから、夫婦仲良く使っていたのだろうか……。

母や父の時代から、守られて幾年月。まだまだ愛されています——。

【ドルックス化粧品】075

かつて、『若草物語』という映画が日本で封切られた時、エリザベス・テイラー扮する三女のエイミーが、なんとか低い鼻を高くしたいと、洗濯バサミを鼻に挟んで奮闘するシーンに共感を覚えた少女は多かった。いつの時代もそうだが、容姿が気になる多感な十代の少女にとって、知らず知らずのうちに吹き出す顔のニキビほど気になるものはない。

十代の頃、この「ドルックス化粧品」のお世話になった少女は数知れないだろう。とりわけ、通称〝カーマインローション〟と呼ばれる収斂《しゅうれん》化粧水を良く振って使うと、さわやかな感触で肌がひきしまり、吹き出ものを寄せつけない気がした人も多いはず。今でこそ、リーズナブルな値段で知られるドルックスだが、発売当初は最高級ブランドだった。ドルックスとは、フランス語で〝豪華な〟という意味なのだ。

そもそも資生堂は、明治五（一八七二）年、東京銀座に「資生堂薬局」として創業したのが始まり。明治後期には化粧品業界へ進出、〝赤い水の化粧水〟の愛称で親しまれた「オイデルミン」を発売する。やがて、化粧品の資生堂として定着するが、なかでも昭和七（一九三二）年発売のドルックスは、「高級品で通っている資生堂のなかでの最高級」として鮮やかな登場ぶりを見せた。価格は従来の二倍ないし三倍、教員の初任給が五十円の時代に白粉《おしろい》が一個二円だった。パッケージデザインは銀地に墨一色、ルイ王朝風の唐草模様で豪華さが強調され、品質もデザインも国産化粧品のグレードを一挙に高めたのである。

ちなみに、現在の愛用者は年配の人が多いそうだが、この化粧品の大きな特徴は無香料の「ドルックスオーダレス」もあること。香料が苦手な人に対応できるスキンケア化粧品だからこそ、ひと昔前の少女たちが愛用したのだろう。とはいえ、今でも十分に通用する化粧品。現代の少女たちにもお勧めしたい。

【ロゼット洗顔パスタ】076

その昔、色黒だった少女たちに、「ロゼット洗顔パスタ」による白子さんと黒子さんの広告は、強烈なインパクトを与えた。

黒子「肌がくすんできてゆううつだわ」
白子「それなら天然イオン配合のロゼット洗顔パスタよ。天然イオウが古い角質を取り除いてくれるの」

誰でも一度は見たことのあるこのイメージ・キャラクターは、新聞や雑誌の広告に掲載され、化粧品とは無縁の少女までも、大人になったら試してみようという気にさせた。

創業者の原敏三郎は、もともと銀行頭取の子息だった。母方の実家が医者で、大分県に多い硫黄温泉から、ニキビを治す薬を作れないものかと研究を始める。やがて油とカリウムに硫黄を混ぜ、クリーム状の洗顔料を発明。「レオン」と命名され、昭和九（一九三四）年から通信販売された。

ところが、贅沢品だということで製造中止されていた戦時中、商品名まで盗用した類似品が出現。それならばと名称もロゼット洗顔パスタに変え、昭和二十六（一九五一）年に再スタート。白子さん黒子さんの広告もこの時期に生まれた。創業者が黒子さん、現会長である奥さんが白子さんとなって問答し、それを台詞《せりふ》にして作られたという。値段は、普通の化粧クリームが八十円の時代に、高価といえる二百八十円。手づくりなので高かったというが、広告の可愛いキャラクターのせいか、驚異的に売れた。品質の良さもさることながら、ユニークな広告の威力の証明でもあろう。

しかし、昭和五十年頃に「白くなる、ニキビが治るという宣伝は駄目」と、厚生省から通達が届く。つまり、白子さん黒子さんが使えなくなり、今のキャラクターは両方とも白子さん。また、大手メーカーが洗顔クリームに進出したせいもあり、売り上げは最盛期ほどの勢いこそないものの、ほぼ五十年間も同じスタイルを守り続けているロングセラーである。

【マダムジュジュ】077

「二十五歳はお肌の曲がり角」という風評が、いつの頃からあったのかとかねてから不思議だった。それが、化粧品メーカーが生んだ名コピーから派生しているとは、正直いって知らなかった。

世の奥様のクリームとして「マダムジュジュ」が発売されたのは、昭和二十五（一九五〇）年のこと。栄養オイル〝卵黄リポイド〟が配合されたその美容効果はもとより、画期的だったのは「二十五歳以下は、お使いになってはいけません！」という大胆なキャッチフレーズだった。発売と同時に女優・小暮実千代を専属モデルに起用、全国キャンペーンを展開したことに加え、この名コピーが売れゆきに大いに貢献したことは間違いない。その後さらに、マダムジュジュEの名コピー「二十五歳はお肌の曲がり角」が生まれ、いつしか〝二十五歳〟が若い女性を悩ませる年齢になったというわけだ。

ジュジュ化粧品は昭和二十一（一九四六）年、創業者の中野武雄が東京で「寿科学」を設立、代理店制に基づく自由販売で営業をスタートさせたのが始まり。翌年には、軟らかくて伸びのいい〝セタノール〟を主原料に、新タイプの「ジュジュクリーム」を発売。四年後にマダムジュジュを売り出した。商標の〝ジュジュ〟は、海外を放浪した詩人・金子光晴に創業者が名づけてもらった。ちなみにジュジュとはフランス語でおもちゃという意味。さらに〝マダム〟は、当時の西洋料理店の女将がマダムと呼ばれていたことに由来する。ピーク時には、年間八百万個も売れたマダムジュジュは、今でもコンスタントに二百万個も売れるという安定商品。「母から娘へ、そのまた娘から孫へ」と受け継がれるマダムジュジュの魅力は、その商品価値もさることながら、絶妙なネーミングのなせる技でもあるだろう。

【タバコライオン】078

　愛煙家は肩身の狭い思いをする時代になったが、「タバコライオン」が発売された昭和三十七（一九六二）年当時は違う。「煙草《たばこ》はインテリのステータス」といわないまでも、作家や雑誌編集者など、創造的な仕事をする人たちはこぞって紫煙を燻《くゆ》らせていた。そんな人たちの悩みは、歯の表裏につく煙草の脂《やに》で、ふつうの磨き方ではなかなか除去しにくい。ところが、新しく開発されたタバコライオンは、研磨作用ではなく、化学的溶解作用で脂とり効果を発揮するポリエチレングリコールを初めて配合。この画期的な特徴に加え、印象的なのはなんといってもパッケージデザイン。ワンハンド操作とコンパクトなサイズが珍しく、目に染み入るような深紅の地に煙草の白が生かされたデザインは、いつ眺めてもモダンである。

　ネーミングは、社内で百以上も候補が出され、最終的に「シガライオン」「シガレットライオン」「タバコライオン」の三つに絞られた。こうして選ばれたタバコライオンは、歯磨き粉の価格は百円以下が常識だった時代に百二十円で売り出される。しかし、発売当初から好評を博し、すぐに「スーパーライオン」「ホワイトライオン」と並ぶ主力銘柄となった。

ところで、ライオンは明治二十四（一八九一）年、東京神田柳原河岸に開業した小林富次郎商店がその始まり。石鹸や燐寸《マッチ》の取り次ぎを皮切りに石鹸の製造販売を始めた小林富次郎は、同二十九（一八九六）年に「ライオン歯磨」を発売。当時の商標は象やキリンなど動物の名前が流行していたことから、「ライオンなら歯も丈夫だし歯磨の商標としてうってつけ」という知人の意見に従い、〝ライオン〟と命名したという。創業百年を経たライオンは、今や家庭用品、薬品、食品など幅広い商品を扱う企業に成長。その祖となったのが歯磨粉であることを知る人は今、少ないだろう。

【MG5】079

黒と銀のダイヤカットチェックが印象的な「MG5」といえば、イメージキャラクターの団次郎を思い出す。あのジャンプするグレートデンと彫りの深いマスクの団次郎のコンビによるCMは画期的、一世を風靡したといっても過言ではない。昭和四十年代初めのことである。

MG5は、昭和三十八（一九六三）年の発売当時はごく普通の地味なボトルで、ライバルの「バイタリス」を抜くほどは売れなかった。ソリッドとリキッドの二品目あり、当時の定価は各三百円。ネーミングの由来は、若者の憧れだった外車MGから命名されたとか、「ただ、語呂が良かっただけ」とか様々な説がある。しかし、資生堂によれば〝MASCULIN GENDAR〟（男性という意味）の頭文字からとったという。また〝5〟は①清潔感②爽やか③洒落れた④活動的⑤個性的という五つの条件を男の身だしなみと考えたところから名づけられた。リニューアルされたのは昭和四十二（一九六七）年。ボトルのデザイン変更をはじめ、時代のニーズに応えるべく二十品目二十三品種に拡大され、国産初の男性化粧品シリーズとして売り出された。大胆なイメージチェンジは大成功を収め、一年後には売り上げシェアのトップに躍り出たという。

ところで、化粧品界の老舗である資生堂は、海軍の薬剤監だった福原有信が、銀座に洋風薬局を開いたのが始まり。当初のシンボルマークは鷹《たか》だったが、二代目の時代に練り歯磨きを発売することになり、「鷹《たか》ではいかつい」と新しく選ばれたのが花椿。それ以来、資生堂のシンボルは花椿のマークなのだ。

現在は、ポマードやヘアクリームなど十三品目あるMG5だが、売れ筋はやはりトニックやリキッド類。サラリとした使いやすさが、受けているのだろう。

【牛乳石鹼】088 〝純白の豊かな泡立ち。お肌のキメを整えます〟がキャッチフレーズ。これまで一個九十五gだったが、昭和六十一年から一〇〇gになった。

【ミヨシマルセル石けん】089 赤と濃紺の二色でデザインされた円が、記憶に残る。かつて家庭の風呂場で、洗濯板と一緒に置かれていたものだ。

〔六一〇ハップ〕090 温泉の〝湯の花〟と同じ効能を持つという。適量を入れるとお湯が乳白色になり、ゆっくり浸かると身体が芯まで温まる。

〔バスクリン〕091 入浴剤の元祖だが、そもそもは漢方婦人薬「中将湯」から歴史は始まる。もともとはブリキ缶に入り、今のようなスパイラル缶になったのは、昭和四十三年から。

「亀の子束子」092 天然素材の手づくり。類似品の多さにたまりかね、現在も〝亀の子マークと亀の子束子の文字にご注意〟の但し書きがつく。

「マイペット」093　年の暮れになると、にわかにクローズアップされる住まいの洗剤。汚れの程度に合わせて、薄めて使う。原液でスチール製品を拭くと、驚くほどきれいになる。

［旭馬印マッチ］094　この商品は、かつて業界用語で〝ボテ箱〟と呼ばれ、発売当時はボール紙の張りぼて箱を使ったためとか。マッチ棒が約八百本は入るという徳用マッチは、どんなに使っても減らない気がしたものだ。

［金鳥の渦巻］095　主成分は人体に安全なピレスロイド。安定した殺虫効果で約七時間は持続する。渦巻きの先端に火をつける手間が、つくづく日本の夏を感じさせる。

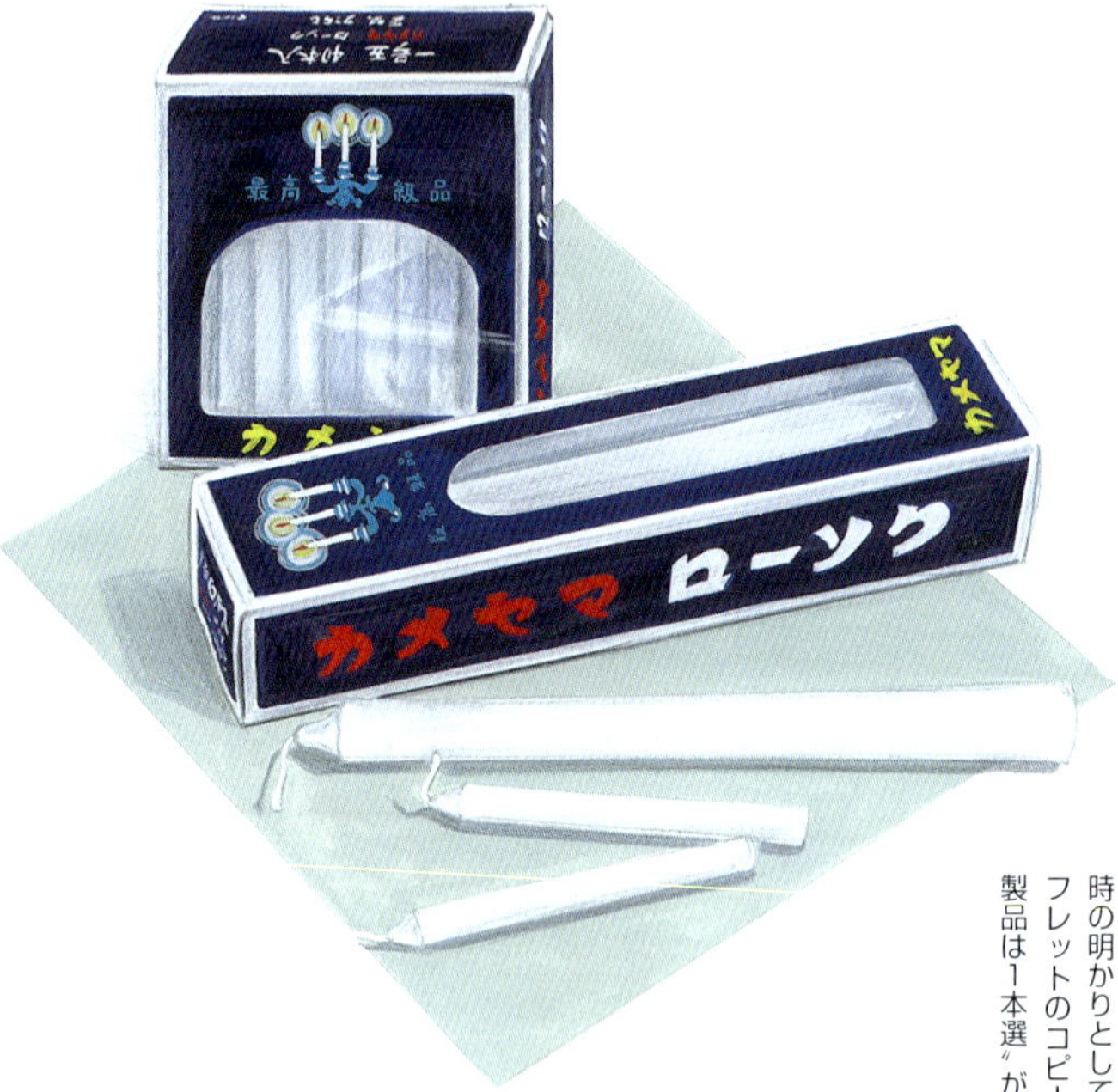

〔カメヤマローソク〕096 昔は停電が多かったから、非常時の明かりとしてローソクは家庭の必需品だった。パンフレットのコピーにある〝暑中保証、目方は絶対正確、製品は1本選〟がユーモラス。

「ハクキンカイロ」097 使い捨て懐炉と違って何度でも使えるのが特徴で、名前はプラチナの白金に由来。ベンジンを一度注入すると、ポカポカと心地よい暖かさを二十四時間以上保てる。

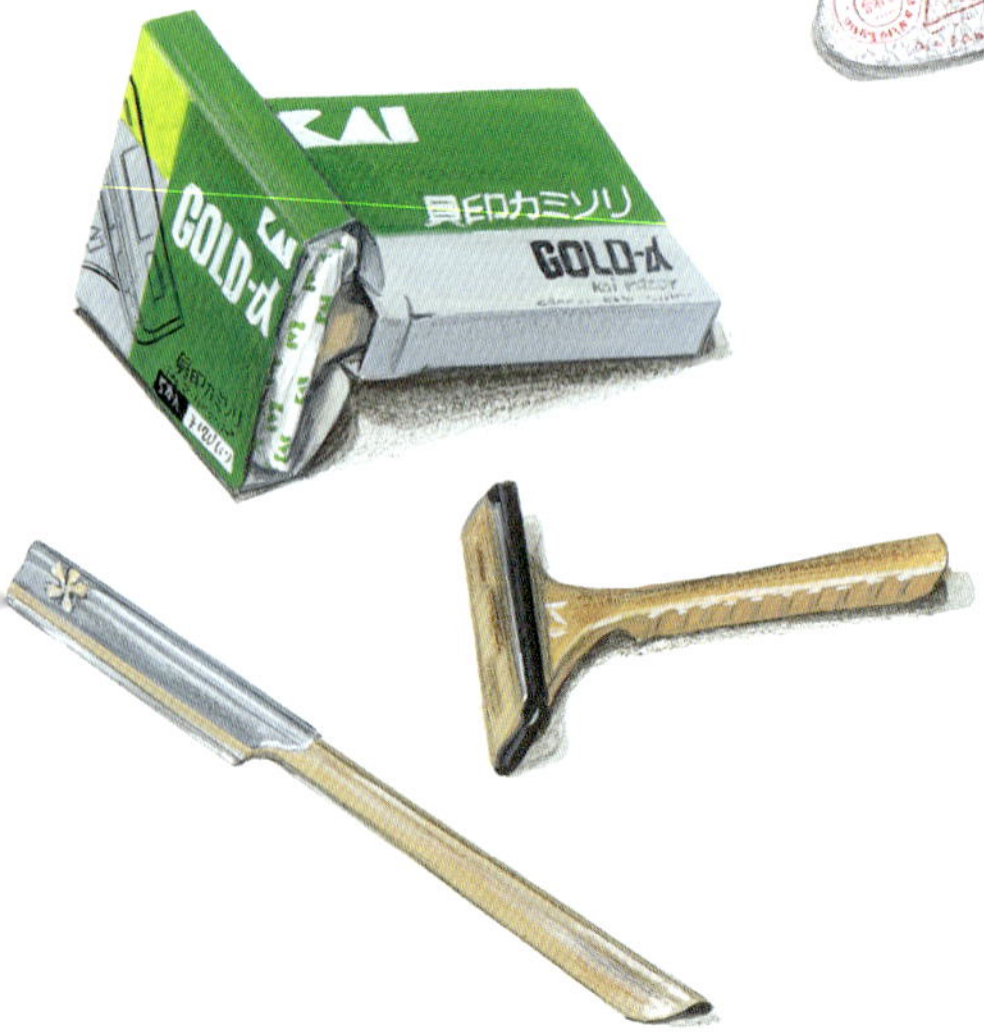

〔絹糸　金亀印〕098　〝糸は親と子の心の絆〟というキャッチフレーズが泣かせるなあ。美しい光沢の糸は現在、なんと二百色以上もある！

〔貝印カミソリ〕099　T型とスタンダードな長柄。昔のパッケージは貝の形がついていたが、このデザインは昭和六十三年のもの。

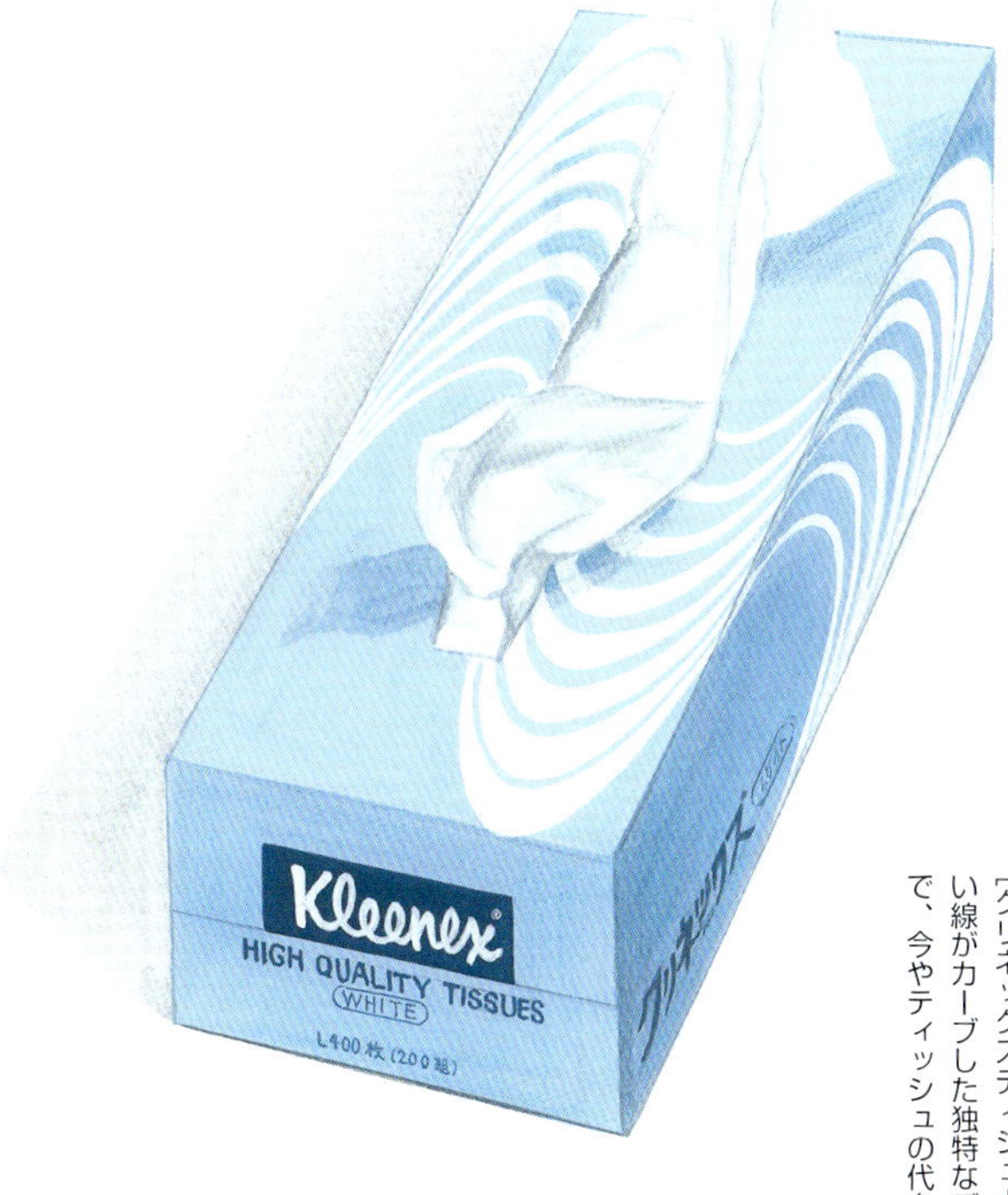

「クリネックスティシュー」100　水色をベースに波形の白い線がカーブした独特なデザイン。パイオニア的な存在で、今やティッシュの代名詞。

[ミツウマのゴム長靴]101 北海道育ちにはなじみのミツ馬マーク。この「防寒ダービーキング長」は、内側には吸汗効果の高いウレタン生地が張られ、保温のためのハイパル付き。靴底のミゾが、何とも北海道らしくダイナミック。

「桐下駄」102　会津桐の極上品を使った女性用の駒下駄。
とても軽く履き心地はなめらか。四代続く老舗の当主・
黒澤孝司さんの職人芸が冴える完全な一木作り。

［五勝手屋羊羹］103　江差が誇る五勝手屋羊羹は、通常のものよりあっさりとした飽きのこない味。羊羹ファンは、なぜか砂糖の固まった先端の部分を好む。

「まりも羊羹」104　阿寒湖の天然記念物まりもにそっくりな緑の球形が特徴。なんと、あの毛利衛さんが宇宙に携えた食品なのだ。

［塊炭飴］[105] 炭鉱の町・赤平から産出された黒いダイヤ（石炭）にちなんだ飴。北海道特産のビート糖と中国産のニッキが織り成すハーモニーが人気。

第五章

愛用雑貨帳《あいしあいされモノがたり》

昔も今も、貼ったり貼られたり……これがあれば鬼に金棒――。

【ヤマト糊】080

デスクワークがメインの者にとって、糊《のり》は必需品である。最近はローラー回転式や口紅状のスティックタイプなど、さまざまな製品が登場。しかし、塗りにくいとか、すぐ凝固したりとイマイチどれも決定打に欠ける。いろいろ試した結果、なぜか「ヤマト糊」に戻ることも。ヤマト糊の歴史は古く、発売は明治三十二（一八九九）年。わが国最初の瓶容器入り、かつ唯一の事務用糊だった。もともと、澱粉《でんぷん》質をといて煮た糊は「姫糊《ひめのり》」と呼ばれ、明治中期まで接着剤の主流だった。

　ところが、この姫糊はすぐ腐るので保存できない。創業者の木内弥吉は、東京・深川で薪炭業を営みながら、内職に封筒貼りをしていた。腐らない糊を求める弥吉が薬局に相談すると、ホルマリンを薦められ、腐らない澱粉《でんぷん》糊の製造に成功した。それがヤマト糊の始まりである。ただ、当初のヤマト糊は腐敗こそしないが、保存するうちに粘性が損なわれた。そこで改良が重ねられ、昭和二十五（一九五〇）年には冷糊法を開発。それまで煮ていた澱粉質を加熱せず、水に溶いた液に苛性ソーダ（水酸化ナトリウム）を加え、攪拌《かくはん》して糊にするというもの。ヤマト独自の方法で、同年に特許を申請している。

ヤマト糊といえば、カップのヘラが印象的だ。ガラス製容器の時代に、糊の表面に敷かれた油紙とキャップの間に竹製のヘラが置かれていたが、これでは使い始めると保存場所がない。そこでプラスチック製容器を発売の際、カップの側面に収納場所を設けてビニール製のヘラをつけた。現在のようにキャップの裏側にヘラがついたのは、昭和五十六（一九八一）年から。デザインも一新され、カップは筒形から四角に近くなった。

【セメダインC】081

その昔、少年たちの主な遊びのひとつはプラモデルづくりだった。当時憧れだった飛行機や船だけではなく、人気マンガのキャラクターもプラモデルとなり、その製作に接着剤として活躍したのが「セメダイン」。小学校の授業でも工作といえば、セメダインが欠かせなかったのである。

それほどなじみ深いセメダインだが、日本のメーカーが独自に考案した接着剤であることはあまり知られていない。明治四十（一九〇七）年の春、富山県から風呂敷《ふろしき》包みを背に上京した十七歳の今村善次郎が、後に〝ひっつけ屋・善次郎〟と呼ばれるセメダインの創立者である。善次郎は中学卒業後、自ら開発した家具用ワックス「ひかるクリーム」や靴墨を売り歩く。この行商が、彼の事業の始まりだった。やがて、ようやく輸入され始めた化学接着剤に着目してその仕入れ販売を行う。当時は、膠《にかわ》を微粒子状にしたイギリスの「メンダイン」やドイツの「セコチン」などが、人気の的だったという。

しかし、今度は自分で接着剤の研究を重ね、大正十二（一九二三）年にはついに製品化に成功。商品名のセメダインは、「セメント」と力の単位を表す「ダイン」を合成したもの。単に〝強い接着〟を意味するだけではなく、当時人気のメンダインを「攻め（セメ）て駆《く》逐《ちく》する」という思いも込められていた。

【スクラップブックD】082

スクラップブックといえばすぐ頭に浮かぶのが、このコクヨ製「スクラップブックD」。クラフト紙特有の茶褐色に英文字がくっきりとデザインされ、〝スクラップブックの代名詞〟といいたくなるほどなじみ深い。

その前身は、昭和二十四（一九四九）年に六十円で売り出された「スクラップブック普及品」。それまで、高級品や標準品替紙式などはあったが、クラフト紙を使ったこの普及品はその安い値段とともに画期的なデビューを飾り、大好評を博す。昭和四十（一九六五）年に品名こそスクラップブックDに変更されたが、スクラップブックは長年に渡って棚などに並べて使用されるため、今も表紙デザインを含め商品仕様は当時とほとんど変わっていない。

ところで、「コクヨ」とは珍しい社名だが、創業者の黒田善太郎が明治三十八(一九〇五)年、和式帳簿用の製紙製造業・黒田表紙店を開いたのが始まり。大正六(一九一七)年に商標を「国誉《こくよ》」としたが、これには「郷里の富山の名前を汚すことだけはしてはならない。国の光、国の誉れとなる商売をせねば」という明治男の気概が込められているという。正式に社名がコクヨになったのは、昭和三十八(一九六三)年である。

【三菱鉛筆ユニ】083

鉛筆といえば、ドイツのステッドラーやファーバーカステルなど外国製の一流ブランドがある。しかし、製図ならともかく、日本語の縦文字の書きやすさとなれば、「三菱鉛筆ユニ」にはかなわない。微妙な滑らかさで原稿用紙にフィットし、書き味の良さは抜群。鉛筆という筆記用具を選択したライターなら、一度はお世話になる優れモノである。

三菱鉛筆の誕生は明治二十(一八八七)年。創業者の眞崎仁六が、新宿御苑近くの元水車小屋に鉛筆工場を建てたのが始まり。彼は新天地での活躍を夢見て明治元(一八六八)年に上京、貿易会社に入って技師として活躍する。二十九歳の時、パリ万国博覧会を見学するために渡欧。会場に展示された外国製の鉛筆に心を奪われ、帰国後は鉛筆製作にいそしむ。望みの芯を作るのに五年の歳月を要し、さらに軸と機械に五年、鉛筆の製造販売にこぎつけた時には四十歳になっていたという。国際的にも一級品の折り紙がつけられたユニの発売は、昭和三十三（一九五八）年のこと。名称はユニーク（唯一・最高）からとられ、価格は一本五十円。それまでの同社最高価格の二倍以上、海外一流ブランドの最高級品と同じ値段なので、売れゆきが危ぶまれたという。しかし、生産が間に合わないほど売り上げを伸ばし、今度は業界の理想「Bの黒さでHの硬さ」の鉛筆が追求される。その〝極限の鉛筆〟ともいうべきハイ・ユニが発売されたのは昭和四十一（一九六六）年。以来三十数年、世界最高の品質を誇り、パソコン全盛時代の今日でも愛してやまない作家が多い。

【MONO消しゴム】084

かつては原稿用紙に鉛筆、そして消しゴムがフリーライターの三種の神器だった。原稿用紙に2Bの鉛筆で書きなぐり、書いては消し、書いては消しの繰り返し。今のようなデジタルの時代になると、消しゴムのカスがデスクにたまったことが懐かしく思い出される。数ある商品の中でも、一番お世話になっているのが日本の「MONO消しゴム」。とにかく良いのは、鉛筆で書いた文字がよく消えること。それほど力を込めることなく、スーッと消えるのがうれしい。

ところで、〝MONO〟はもともと鉛筆につけられたブランド名であることを知っていただろうか。最初は、昭和四十二（一九六七）年に売り出された製図用鉛筆「MONO一〇〇」のおまけの消しゴムとして作られた。このサービス品が大変な好評を博し、「ぜひ単独で売り出してほしい」という要望に応えて二年後に発売された。このMONOが画期的なのは、素材が〝ゴム〟から〝プラスチック〟へ移行する転換期に中心的な役割りを果たしているからだ。その昔、消しゴムといえば天然ゴムの樹脂を使ったものしかなかったが、現在の日本で使われている消しゴムの八〇%は、塩化ビニールを主原料にしている。つまり、ゴムではなくプラスチックなので、最近の消しゴムを正しくは〝字消し〟というべきなのだ。このプラスチック字消しは昭和二十七年前後に日本で発明され、トンボ鉛筆では、昭和三十年代に商品化している。市場を席巻するほど人気が出るのは、MONOが登場してからだ。

【サクラクレパス】085

その昔、小学生の図工の時間に欠かせなかったのが「サクラクレパス」。その頃はたいてい十二色だったが、なかには二十色や二十四色を持つ子どもが必ずいて、羨望の的だったものだ。何が羨ましいかといえば、金色と銀色が余分に入っているから。そんな郷愁を誘うクレパスは、クレヨンとパステルの長所をとって名づけられたオリジナル製品で、大正十四（一九二五）年に発明された。

そもそもクレパスの基となる桜クレヨンは、大正十（一九二一）年に誕生した。しかし、クレヨンは夏用のものが冬には硬くなり過ぎ、冬用のものは夏には軟らか過ぎるという難点があった。一方、昔からヨーロッパで使われていたパステルは色鮮やかに画面にのるが、白墨のように粉っぽく定着が不十分である。そこで、もっと軟らかく重ね塗りもでき、しっとりと定着する画材が試作され誕生したのがサクラクレパスだ。

クレパスは飛ぶように売れ、昭和四（一九二九）年の記録ではクレパスが年間五万ダース、クレヨンが三万ダース売れた。ちなみに当時の値段は、十二色で三円二十四銭。以来、絵の具やペイントマーカー、水性ペンなど次々と新製品が登場するが、今でも子どもたちが最初に接する画材はクレパスかクレヨン。幼児期の絵画体験に大きく貢献するサクラクレパスは、その社名とともに永遠に不滅だ。

【ぺんてるエフ水彩】086

小学校の写生会は、教室の外に出るというだけで解放感があり、遠足のように楽しかったものだ。ところが、短時間で絵を仕上げる才能がある人ならともかく、普通の子どもには難しく苦痛だった。教室に居残りして仕上げた記憶が、今も鮮やかによみがえる。

それにしても、錫《すず》チューブ入りの真新しい「ぺんてるえのぐ」は並び方も美的だ。ひときわ大きなサイズの白を混ぜて好みの色を作れるので、クレヨン時代を経て絵の具を持つと、急に大人になったような気がした。そんな思い出のぺんてるえのぐは、昭和二十七（一九五二）年に十二色百七十円で発売された。画期的なのは、それまで透明水彩が主流だったのに比べ、透明でも不透明でも描くことができ、紙以外のものにも使えることだった。同三十七（一九六二）年には水彩絵の具の決定版「ぺんてるＦ」が売り出され、十年後には現在の「ぺんてるエフ水彩」と改められる。

「ぺんてる」は、専門画材メーカーとして昭和二十一（一九四六）年に設立された。当初は大日本文具という名称だったが、同四十五（一九七〇）年に社名を変更。そもそも社名のぺんてるは、ペインティングのペンとパステルのテルを組み合わせたものだった。ところがその後、筆記具の「Ｐｅｎ」と伝えるという意味の「Ｔｅｌ」から筆記具分野に進出。昭和三十八（一九六三）年には、絶大なる人気を呼んだ「ぺんてるサインペン」を売り出す。極度の気圧の変化にも対応できるこのサインペンは、人類史上初の宇宙船ランデブー「ジェミニ六号・七号」に乗って活躍した。今や世界の筆記具ブランドに成長したぺんてるだが、旧世代にとってはいつまでも〝水彩絵の具のぺんてる〟。見たり聞いたりするだけで、懐かしさがこみあげてくる。

【特製トンボ・バンド】087

郷愁を誘う音色は人それぞれ違うと思うが、ハーモニカの微妙な音色には、いつの時代も人の心を打つものがある。故郷の夕暮れと母の背中がダブルで迫り、なぜかノスタルジックな気分にさせられる。

ハーモニカが、ヨーロッパで発明されたのは一八二〇年代。日本では約七十年後の明治後期に、古めかしくも「西洋横笛」という名前で売り出された。当時はハーモニカで何を演奏するのかわからない人も多く、独特の音色に魅せられて日本の流行歌などを吹いているうちにいつのまにかハーモニカを日本独自の楽器のように育て上げてしまったのだ。

ハーモニカの専門メーカー・トンボ楽器製作所は、大正六（一九一七）年に創業された。この「特製トンボ・バンド」は昭和二（一九二七）年に発売され、現在も伝統的な作り方を踏襲《とうしゅう》する貴重なもの。ほとんどのハーモニカがプラスチック製に変わるなか、これは昔通りに本体は木製、天然乾燥で何回も塗装をかけ、調律も音の整調も一本一本手づくりで仕上げられている。ちなみに、西洋のハーモニカは単音（一音一枚リード）だが、日本のハーモニカは複音で一つの音に対して二枚のリードが一緒になる。二つの音が微妙に作用して独特な音色を生み出し、特製トンボ・バンドは、この日本的奏法のための高品質な複音ハーモニカなのである。

それにしても、戦中派の小沢昭一や戦後生まれの長渕剛など、今なおハーモニカを愛して使う芸能人や歌手は多い。が、それがトンボ印かどうかは未だ確かめてはいない。

真っ白になるまで洗っても洗っても、消せない思い出ありますか――。

かつて日曜の夜六時半といえば、タイトルバッグで牛が「モオーッ」と鳴くTV番組が大好評を博していた。古い世代ならおなじみのザ・ピーナッツやハナ肇が出演するTVバラエティー番組の草分け「シャボン玉ホリデー」である。この人気番組（昭和三十六～四十七年）のスポンサーが「牛乳石鹸《せっけん》」。三木トリロー作のCMソング「――牛乳石鹸　よい石鹸」を覚えている人も多いだろう。

日本における石鹸の製造は明治二（一八六九）年が始まりといわれ、海外の技術を吸収しつつ、明治十年代には輸出産業にまで成長した。そんな時代背景のもと、初代社長・宮崎奈良次郎が、大阪の現天王寺区に共進社石鹸製造所を創業するのは明治四十二（一九〇九）年のこと。牛乳石鹸が売り出されたのは昭和三（一九二八）年だが、赤箱の販売は戦後まもなくの同二十四（一九四九）年。物資不足で粗悪品が横行する中、香料配合の高品

【牛乳石鹸】088

質な牛乳石鹼は、たちまちトップブランドとなった。ちなみに牛のマークの由来は、昔からいわれる格言「商いは牛の歩みのごとく」による。初期のパッケージは〝牛乳石鹼〟と漢字で明記され、右側に大きな牛の絵が入っていたが、いつの間にか牛は小さくなった。CM専属タレントも、同四十一(一九六六)年の扇千景に始まり、千昌夫、ピンク・レディー、シブがき隊、手塚理美、風間トオルなど多彩。パッケージやCMタレントは変わったが、牛乳石鹼そのものは今も昔も変わらない。

【ミヨシマルセル石けん】089

イラン映画の傑作『友だちのうちはどこ?』の中に、主人公のお母さんが洗濯板で汚れ物をゴシゴシ洗うシーンがあった。日本でも昭和三十年代に電気洗濯機が普及するまで、それが当たり前の光景だった。そんな洗濯に欠かせないのが、固形洗濯石鹼。いかにも武骨で厚みがある乳白色の「ミヨシマルセル石けん」は、どんな頑固な汚れにも対応できそうだ。最近は、粉末や合成洗剤が一般的だが、昔はどこのうちでも使われていた。戦後まもなく売り出され、かけ蕎麦《そば》十五円の時代に闇市では、一個百円もする高価なものだった。昭和二十七(一九五二)年に現在の五個包み百円が登場、パッケージもほとんど基本は同じである。

さて、製造元の「ミヨシ石鹼製造」の歴史は古く、創業は大正十(一九二一)年。三木巳之吉と吉村又一郎が提携して、三木の〝ミ〟と吉村の〝ヨシ〟から「ミヨシ石鹼工業合資会社」としてスタート、当時は繊維工業用石鹸を作っていた。絹の光沢などを出す精錬に使われるもので、「マルセルせっけん」と呼ばれた。もともとは、南フランスやイタリア周辺でオリーブ油を原料として生産され、フランスのマルセイユ港から日本に輸出された。そこから、マルセイユ（転じてマルセール、またはマルセル）石鹸と呼ばれるようになり、この種の工業用石鹸や洗濯石鹸の代名詞となっている。ミヨシマルセル石けんは、良質の油脂を原料とした石鹸で、合成洗剤と違って「地球にやさしい商品」なのだ。

【六一〇ハップ】090

若い女性たちに人気の入浴剤は数々あるが、その草分け的存在といえば「六一〇ハップ」だろう。〝家庭温泉〟を謳い文句に、七十余年も愛されているロングセラーなのだ。

「武藤鉦製薬」の創始者である武藤鉦八郎は、もともと織物事業を営み、名古屋の茶屋町で毛織物などを取り扱っていた。大正九（一九二〇）年には仲間と会社を設立、繊維業界の振興に大きな情熱を傾けた。製薬の仕事を手がけるのは上等看護手として出征後で、その時の体験から薬治療に関心を抱き、全身温浴療法が最も理想的と確信するようになった。昭和二（一九二七）年には社内に薬品部を設け、考案された湯治薬を「六一〇バスハップ」（後に六一〇ハップに改称）と命名する。

名字の「武藤」から六一〇、「バス」は風呂、ハップは「幸福な気分（ハッピー）」にあやかっているという。創始者は、なかなかシャレた感覚の持ち主だったのだろう。鉦八郎は四十七歳になった昭和四（一九二九）年、織物事業を他社に譲渡して薬品部を独立させ、現在の武藤鉦製薬の前身六一〇ハップ本舗を創立する。

ところで、最近の入浴剤と、もともと医薬品からスタートした六一〇ハップでは効能の幅が違う。入浴剤はあくまでもお風呂を楽しむものだが、硫黄を主成分とした六一〇ハップは、草津や別府の硫黄単純温泉と全く同じ効能をもつ薬風呂になる。だから、原液を薄めて水虫などの患部に塗ったり、神経痛やリューマチの湿布に使われたりもする。

【バスクリン】091

入浴剤にはバブや日本の名湯シリーズなど各種あるが、本家本元といえば、「バスクリン」。そもそもバスクリンは、昭和五（一九三〇）年、芳香浴剤として発売されたのが始まり。ところが、その原点は、初代・津村重舎が明治二十六（一八九三）年に創業した津村順天堂の主力製品である漢方婦人薬「中将湯」だった。とある社員が、中将湯を製造する際に生じた生薬の残りを風呂に入れたところ、夏場は子どものあせもが消え、冬場は体が温まることに気づく。その評判を聞きつけて銭湯経営者が買いにくるようになったので、入浴剤として商品開発に取り組み、明治三十（一八九七）年には「浴用中将湯」という名で売り出したのである。

しかし、この浴用中将湯は夏場に温まり過ぎるため、夏場向きに改良されたのがバスクリン。当時はブリキ缶入りが五十銭で発売され、昭和三十五（一九六〇）年には、ブリキ缶入り「バスクリンブーケ」、「バスクリンジャスミン」が登場。折しも住宅事情の変化で内風呂が増える時代となり、売り上げは急速に伸びた。家庭の狭い浴槽でも、香りや薬用効果で温泉気分を味わえるのが人気を呼んだのである。ちなみに津村順天堂は同六十三（一九八八）年に社名を「ツムラ」に変更、平成五（一九九三）年の四月には創業百周年を迎えている。現在のバスクリンには、温泉を構成する成分の硫酸ナトリウムや炭酸水素ナトリウムが含まれ、肩こりや腰痛、神経痛、湿疹などに効く薬用入浴剤として親しまれている。

【亀の子束子】092

表も裏もそっくり同じ形で、ユーモラスな雰囲気さえ漂う「亀の子束子《たわし》」。実はこれ、パーム（ヤシの実の繊維）で作られていることをご存じだろうか。今では名前が商品の代名詞となっているが、誕生したのは明治四十（一九〇七）年。初代社長の西尾正左衛門が、三十二歳の時であった。彼は暮れの大掃除で、妻がパーム製の足拭きマットの切れはしを使って掃除をしているのをヒントに考案した。それまで主婦たちは食器洗いに竹や藁《わら》を使っていたが、正左衛門はパームを束ねて束子を作ったのである。パームは剛毛でありながら水とのなじみが良く、それでいて耐水性に優れている。また水切れも良いので、乾燥させれば何度でも使えた。植物は加工されても生きているから使い込むほどしなやかになり、洗い心地がいいのだ。

明治四十一（一九〇八）年、なじみの亀のマークが商標登録され、売り出された時の価格は三銭。名前は、そもそも亀の子に形が似ているのと、水に縁があることから命名された。以来、百年近くも台所の必需品として活躍。驚いたことに、候孝賢《ホウシャウシェン》監督の台湾映画『非情城市』にも登場、台湾でも愛用されている。日本人が世界に誇るアイデア商品であるといえば、過言だろうか。

それにしても、姉妹品のネーミングには「ざっくばらん」「うってつけ」「ぶっきら棒」などがあり、吹き出さずにはいられない。

【マイペット】093

スチール机や家具、電気製品など、水拭きでは取れない汚れが、この「マイペット」を使うと実にきれいになる。

花王からマイペットが売り出されたのは、昭和三十五（一九六〇）年十一月のこと。ネーミングはずばり、〝私のお気に入り〟から取られ、「いつも手元に置いて愛用してほしい」という思いが込められている。赤と茶のストライプ模様の缶が印象的で、値段は百円だった。いわゆる住まいの洗剤のパイオニアとして登場し、拭き掃除における威力は絶大。母の手伝いをする子どもたちにとっても、この洗剤が存在しない時代が考えられないほど便利だった。

ところで、昔から化粧石鹸で有名な「花王」は、明治二十三（一八九〇）年に創業された。月のトレードマークと花王の名称は、創業者の長瀬富郎が考案したもので、商標出願時には「香王」だったが、石鹸を発売する時に花王と改めている。というのも、花王（KAO）は発音が「顔」に通じるのと、当時は洗濯用が「洗い石鹸」、化粧石鹸が「顔洗い」と呼ばれていたことによる。また、月のマークといえば、反射的に花王の社名が思い浮かぶほど一般に浸透しているトレードマーク。これが大正時代までは下弦（右向き）の月で、昭和十八（一九四三）年から上弦（左向き）の月に変わったとは知らなかった。マイペット発売から四十年。日本人の住まいは、木造家屋からモルタルや鉄筋コンクリートへと変遷しているが、暮れの大掃除という習慣は変わらない。住まいの洗剤マイペットの王座も、揺るぎないといえるだろう。

煙りと一緒に人気燃え、一世を風靡した今も現役のモノたち――。

【旭馬印マッチ】094

今でも煙草はライターではなく、「燐寸《マッチ》を擦って火をつけなければ吸った気がしない」という愛煙家がたまにいる。時代の風潮に流される人が多いなか、こういう頑固な人に出会うと妙にうれしい。

ところで四十年ほど前には、家庭のストーブやガス台の横に必ず徳用マッチが置かれていた。当時のマッチは単に火をつけるだけではなく、耳かきや、つま楊枝の代用にされたり、ゲームの点数に使われた時代もある。まさに家庭の必需品といっても過言ではなかった。さらに飲食店の広告マッチを加えると、最盛期の昭和四十七年前後には約八十万トンも消費されたという。そのブランドといえば、本州ではアンティークなイラストで有名なパイプ印が主流だが、北海道では昔から旭馬印が売れ筋だった。この旭馬印は、後にダイドー(前身は大東燐寸工業)と合併した日本燐寸のヒット商品で、大正八(一九一九)年に売り出された。昭和三十四（一九五九）年にデザイン変更して以来、変わらぬ意匠で人々に親しまれている。

しかし、台所回りやストーブの自動点火装置の普及や使い捨てライターの台頭などで、マッチの需要はピーク時の二十分の一近くにまで減少しているが、まだ約四万トンのマッチが全国で使われている。とりわけ、家庭の仏壇では「線香と蠟燭《ろうそく》に燐寸」というトリオが欠かせない。日常生活では、まだまだマッチでなくてはという出番が残されているのだ。

【金鳥の渦巻】095

蚊取り線香は、風鈴とともに日本の夏を彩る風物詩。渦巻きから立ちのぼる煙を眺めつつ、いつしか北の短い夏は過ぎてゆく。蚊取り線香の歴史は意外と新しく、上山商店（大日本除虫菊の前身）の創業者・上山英一郎が、明治時代に原料となる除虫菊を手に入れたことから始まる。郷里・有田のミカン輸出を目指す彼は、福沢諭吉の紹介でアメリカの植物会社社長H・E・アモアと出会う。アモアに英一郎がミカンの苗を贈ったところ、翌年の明治十八（一八八五）年、返礼として植物の種が届いた。その中に「この植物の栽培で巨万の富を得た人が多い」という添え書き入りの袋があり、それが除虫菊だった。二年後、英一郎は除虫菊の製粉と蚊取り線香製造の研究をスタート。同二十三（一八九〇）年には、仏壇に立てる線香からヒントを得て、蚤《のみ》取り粉とおなじ粉末だった〝蚊やり粉〟から世界初の棒状蚊取り線香を完成させた。

しかし、棒状は長さ三十㌢で三十分しかもたない。さらに改良が加えられ、渦巻き線香が発売されたのは、明治三十五（一九〇二）年。創業者の妻・ゆきが考案、七年の歳月をかけた試作の末に生まれた。線香は一時間に十㌢の速度で燃えるが、長さ七十五㌢の渦巻きは燃え尽きるまでに七、八時間かかる。就寝中に取り替える必要がなく、二つ一組にすると円盤になって互いに補強され、壊れにくいので画期的なものとなった。現在、世界各国で生産されている蚊取り線香のほとんどが渦巻き型で、「モスキートコイル」の名で愛されている。この大発明が日本人の手によるとは、なんと凄いことだろう。

【カメヤマローソク】096

北海道の七夕は例年、関東などより一カ月遅い八月七日に行われる。昔の子どもたちは夜になると、「ローソク出せ出せよ、出さないとひっかくぞ、もひとつおまけにかっちゃくぞ」などと物騒な言葉を口にしながら、〝ローソクもらい〟に近所の家を練り歩いたものだ。ローソクはもともとよりおやつを包んでくれる家もあり、大義名分をもって〝おねだり〟するのは、子ども心にも楽しかった。その時のローソクは神仏用の白いシンプルなもので、たぶん「カメヤマローソク」だったのだろう。

　カメヤマローソクは、三重県亀山市で昭和二（一九二七）年に誕生した。創業者の谷川兵三郎はもともと宮大工だったが、先行きに不安を感じてローソクの製造を始める。日本でも漆《うるし》や黄櫨《はぜのき》の木の実を使った木蠟燭が考案されたが、まだまだ大都市でしか使用されなかった。地方にまで行き渡るのは、明治になって西洋蠟燭が製造されてからという。手づくりの木蠟燭は色が淡い黄色で光度も暗かった。一方、西洋蠟燭は大量生産でき、色は乳白色で美しく、かつ光度も明るいために急速に普及した。西洋蠟燭に着眼したカメヤマローソクが躍進するのは、創業から十年後。二代目が、装飾用のキャンドルの研究に着手したのがきっかけ。内外の博覧会に出品し、幾つもの入選・受賞を重ねている。最近では装飾用キャンドルも人気だが、やはり日本では伝統的にローソクといえば神仏用が中心。シンプルな白いローソクは、不滅の存在である。

【ハクキンカイロ】097

今でこそ使い捨て懐炉《かいろ》が一般に普及しているが、かつて防寒用の懐炉といえば「ハクキンカイロ」が王者だった。保温約二十四時間。使い捨てなどもってのほかで、何度でも使える重宝さが人気の的だった。

売り出されたのは大正十二(一九二三)年、創業者の的場仁市が白金《はっきん》の触媒作用による酸化反応熱の原理を利用して発明した。当初は、たった三人の社員で家内手工業的に作り、社長自ら売り歩いたという。当時の値段は一個五円、教員の初任給が約五十円の時代だったから、かなり高級品であったといえるだろう。

やがて戦後の昭和二十一(一九四六)年、空襲で社屋や工場を焼失し、物資も不足する中、社員三十人で再出発。孔雀マークのハクキンカイロは、海外でもピーコックブランドで有名となり、同三十七（一九六二）年には南極観測隊が携行、類似品も出まわるほどの人気商品に成長する。人気の要因は、やはり性能の良さだろう。使い捨て懐炉は一定の温度を長時間保つのは難しいが、ハクキンカイロは一度ベンジンを注入すると六四〜六五度を約二十四時間保つことができる。

そもそもハクキンカイロがなぜ温かいかというと、直接ベンジンを燃やすのではなく、気化したベンジンが白金の触媒作用で徐々に酸化発熱するからだ。また、火口が単なる石綿やガラス繊維ではなく、白金を独特の製法で加工した〝白金発熱体〟であることがポイント。これがハクキンカイロの生命といわれ、ネーミングの由来ともなった。

【絹糸　金亀印】098

幼い頃、夜なべして縫い物をする母の後ろ姿には、戦前・戦中・戦後を生き抜いてきた人ならではのパワーがあふれていた。昔の人は和裁であれ洋裁であれ器用にこなし、軟弱な戦後生まれなど足元に及ばないほど生活力があったような気がする。家に常備されていた「絹糸金亀印」は、文字通り金色の亀がトレードマーク。平板な厚紙に巻かれた赤や黄色の華やかな色合いは、幼な心を刺激するほど美しかった。記憶では七色ぐらいしか思いつかないが、今は何と二百色以上もあるそうで、店頭に並ぶさまを想像するだけでめまいがしてしまう。

金亀糸業は明治二十六（一八九三）年、初代・栗田直太郎が東京の日本橋に染色、縫い糸、毛糸などの卸業として栗田糸店を開いたのが始まり。創業当時は年商約四十万円、従業員八人だったという。大正十五（一九二六）年には二代目・栗田英太郎が引き継ぎ、昭和二十二（一九四七）年に金亀糸業を設立。社名は、初代の郷里だった滋賀県彦根にある井伊家の居城・彦根城（別名金亀城）から命名されている。三十数年にわたって宮内庁賢所に収めていて、平成五（一九九三）年三月に創業百年を迎えた老舗の製糸メーカーである。

さて金亀印の絹糸が人気なのは、昔ながらの張より式という方法で製造しているからだ。糸の一本一本がしっかりとスクラムを組んでよられているので縫いやすい上に、絹本来の優雅な光沢が仕上がりを美しく引き立てる。昔ほど家庭で使われることは少ないが、ホームソーイングにはやっぱり金亀印を使ってみたい。

【貝印カミソリ】099

男にとってカミソリとは、身だしなみを整えるための必需品。女の化粧道具に似て、毎日欠かせないものだ。だが、男の髭剃《そ》りと女の化粧は、ともに不精者にはやっかいだから、なるべく機能的な製品が必要とされる。

「貝印カミソリ」の創業は明治四十一（一九〇八）年。先代の遠藤斉治朗が、岐阜県関市にてポケットナイフを製造したのが始まり。ヒット商品は、長い柄の〝長柄シリーズ〟と

T字型の〝T字シリーズ〟カミソリ。長柄シリーズ第一号は昭和二十六（一九五一）年に売り出され、戦後まもなくの物資不足で、カミソリの刃をはさむ柄の部分は、缶詰の端材が利用されていたという。また、T字シリーズは同三十八（一九六三）年の発売。その後、刃材や柄材が改良され、刃にはコーティングや横滑り防止機能が施されるなど、用途やターゲットに合わせて開発された商品はおよそ六十種。しかし、「よく剃れて、しかも安全」のポリシーは変わらない。最近は、女性のカミソリ使用が増加。それに合わせてムダ毛剃り、マユ毛剃りなど、用途別のファッショナブルな製品が登場。色もカラフルなのが特徴だ。

そういえば、床屋さんのシンボルである標示灯の青と赤と白は、それぞれ静脈、動脈、包帯を意味する。かつてヨーロッパでは、カミソリが外科手術用の道具だった名残りであるそうだ。

【クリネックスティシュー】100

買い物帰りに、若いOLやサラリーマンが透明のビニール袋に包まれ、重なった「クリネックスティシュー」の箱をぶら下げて歩いていても、何の違和感もない日常の風景。いつの間にか日常生活の必需品となっている箱入りティシュだが、その登場は衝撃的だった。それまで紙といえば、箱型ではなく束ねられたちり紙を使うのが当たり前だったからだ。

クリネックスティシューが日本で初めて売り出されたのは、東京オリンピックの〝五輪景気〟で世の中がわく昭和三十九（一九六四）年。翌年には、モーニングショーの草分けといわれる「木島則夫モーニングショー」のスポンサーとなり、その用途と品質の良さが全国にアピールされた。折しもアメリカ生まれのスーパーマーケットが日本に新風を巻き起こしていた時期でもあり、スーパーとティッシュが足並みそろえて売れゆきを伸ばす。

ところで、クリネックスは、製紙メーカーだった米国キンバリークラーク社が、第一次世界大戦中に不足していた医療用コットンの代替品を開発したことに始まる。その結果、同社は木材繊維からセルコットンという素材を開発、医療用のガーゼとして供給した。やがて戦後の大正十三（一九二四）年、この技術を応用して化粧落としの「クリネックスチーフ」を発売したのがそもそもの始まりである。その後は、化粧落とし以外の用途が広告され、女性を中心として飛躍的に売れた。今ではクリネックスがティッシュの代名詞となっている。

ゴム長靴の勇姿、桐下駄の後ろ姿、今でも履く人、見かけます——。

【ミツウマのゴム長靴】101

冬の雨ほど嫌なものはない。濡れて革靴に水がじわじわとしみ込む感覚は、たまらなく不快である。その点、かつて防寒靴の王者だった「ミツウマのゴム長靴」は防水性に優れ、〝雪かき〟などに今でも重宝されている。とはいっても、街なかで履いている人はめっきり減った。お父さんのシンボルともいえるゴム長靴は、父親の権威の失墜とともに消えたかのようだ。

三ツ馬マークで知られる「ミツウマ」の前身は、大正六（一九一七）年に創立された「北海道護謨工業合資会社」。翌年からゴム長靴の生産を始め、二年後には小樽市入船町にゴム工場が設置されている。当時のゴム長靴は、一足十五円から二十円もする高価なもので、一部の人たちしか履くことはできなかった。だから工場で量産される廉価なゴム長靴は飛ぶように売れ、まさに日の出の勢いだったという。昭和五（一九三〇）年には、社名を三ツ馬工業合資会社と改称。三ツ馬とは、当時のキャッチフレーズ「強くてはきよい」のイメージを、北海道のシンボルで誰にでも愛される馬で表現したもの。三はバランスのとれた安定性を表す。ちなみに、この三ツ馬に対抗して「馬よりトラの方が強い」と、後に三ツ虎印も登場したそうだ。

社名がミツウマとなるのは昭和四十九（一九七四）年から。時代に沿って、黒一色の伝統的な商品だったゴム長靴も、黄色や紫などカラフルなマリンブーツに移り変わる。平成三（一九九一）年に発表されたレジャー作業用長靴は、洗練されたデザインと高い品質で、通産省のグッドデザイン商品に選ばれている。

きりりとした色といい靴底の豪快なギザギザといい、男子たる者にふさわしいのは昔ながらのこの形。履いている人を見かけると、凛《りり》しくてカッコイイ。だから世のお父さんにもっと愛用してもらいたい。

【桐下駄】102

最近、若い女性の間で浴衣《ゆかた》が静かなブームを呼んでいるという。いつもは機能的な服装でも、デートの時ぐらいは日本の伝統的な装いでおしとやかに、という女心の現れなのだろうか。浴衣といえば、忘れてならないのが下駄の存在。靴と違って素足でそのまま履く心地良さは、浴衣の涼しさとあいまって夏のひとときを楽しませてくれる。

ひとくちに下駄といってもピンからキリまであるが、高級品は「桐下駄《きりげた》」。〝軽い、弾力性がある、感触がなめらか〟と長所をいくつも兼ね備えている。なかでも素材は会津桐が最高といわれ、厳しい北国で育つせいか、木目が密で丈夫なことから珍重されて、いるようだ。

ちなみに、古くは「蔵の町」、新しくは「ラーメンの町」として有名な福島県喜多方市にある黒澤桐材店は、明治時代から四代続く老舗。下駄屋と桐材加工場を兼業で営み、当主・黒澤孝司は、現代の会津桐下駄作りを代表する職人の一人でもある。

まずは気に入った原木探しから始め、それぞれのプロセスに必要な職人を配して、すべて完全な一木《いちぼく》作りで作品を仕上げる。見つけた原木を雨にさらして渋を抜き、じっくり乾燥させて木取りから正絹《しょうけん》の鼻緒《はなお》をすげる最後の工程まで、全くの手仕事なのである。こうして仕上がった桐下駄は、柾目《まさめ》も美しく軽やかでとても履きやすい。足の指を不自然に締めつけない下駄の良さは、極上品だとより味わえるという訳だ。

それにしても、最盛期の昭和四十年代には百軒を数えたという同業者が、今は会津地方で半数以下に減った。今後も生き残るためには、浴衣の魅力を見直しつつある若い人たちに、本物の桐下駄の良さを伝えていくしかない。

第六章

北印交響曲《おいしいかしだいハーモニー》

生まれも育ちも北国で、よくぞ生きたり長い歳月。長寿の秘訣は味にあり——。

【五勝手屋羊羹】103

民謡「江差追分」で知られる江差町はその昔、鰊《にしん》や檜《ひのき》杉の取引でにぎわう商港だった。日本海を舞台とした北前船によって、江差の鰊や檜杉が越前や大阪に運ばれ、のちに独特な江差文化がつくりあげられていく。「五勝手屋羊羹」は、そんな歴史を重ねる江差町が生み出した全国的にも有名な銘菓である。長い伝統と代々にわたる研究で心をこめて練り上げられているだけあって、通常のものよりあっさりとした飽きのこない味で人気を博す。なかでも、通称〝丸缶〟と呼ばれる羊羹は、細長い筒状の容器入り。その蓋《ふた》を取って、中身を力強く押し出し、糸で切って食べる仕組みである。

五勝手屋本舗の歴史は古く、そのルーツは安土桃山時代にまでさかのぼる。そもそも檜《ひ》山《やま》という地名は、松前藩が檜山を管理するため、約四百年前の慶長元（一五九六）年、檜山番所を置いたことに始まる。この檜の美林におおわれた「お山七山」を伐採するために、南部（下北地方）から杣人《そまびと》の五花手組が移住する。その郷が、のちに五勝手村と呼ばれるようになるのだが、「五勝手」とは、「コカイテ」というアイヌ語で〝波のくだけるところ〟という意味。この五花手組が、伐採した跡地に豆を植えたところ、小豆が見事に実った。そこで五勝手屋本舗の祖先が、この小豆をもとに紋菓子を作って藩主に献上し、お褒《ほめ》の言葉をいただいた。こうした背景のもとに、明治三（一八七〇）年、五勝手屋羊羹が売り出されたのである。以来、「全国菓子大博覧会」の名誉金賞や大臣賞など数々の受賞を果たし、今や江差はもとより北海道を代表する銘菓である。

【まりも羊羹】104

北海道銘菓の中でも、とりわけ独創性あふれた製品といえば「まりも羊羹」が思い浮かぶ。丸いゴムの先端をつま楊子でプツンと刺すと、中身がつるりと現れ、幼い頃はこのアイデアに感嘆させられたものだ。

「西村食品工業」は、西村久蔵・真吉の兄弟が昭和四（一九二九）年、現在の札幌グランドホテルの場所に洋菓子専門店を開いたのが始まり。戦後まもなくはパン工場の一部を仕切って、練り羊羹やすずらん羊羹を作っていた。当時、新製品の開発に力を注ぐ当時専務の沢村重一は、たまたま大通公園の屋台で、ゴム風船にイチゴ水やメロン水を入れて凍らせ、ヨーヨーのようにして売っているのを見かけ、球形の羊羹を作ろうと思い立つ。そのころ、阿寒湖の天然記念物マリモは心ない観光客の乱獲で絶滅の危機にあり、研究者である北海道大学の館脇操教授は心を悩ませていた。そこで沢村は「記念に持ち帰りたい人が多いので、グリーンボールを作って観光地で売りましょう」と提案、構想中の球形羊羹は「まりも」と命名された。パッケージデザインは三岸好太郎の友人でもある地元画家・斎藤尚が担当。製品化までのさまざまな試行錯誤と人々の協力を経て、昭和二十七(一九五二)年に十五個入り三百円で発売した。翌年には、まりも羊羹のテーマ曲「水面をわたる風さみし、阿寒の山の湖に……」と、安藤まり子が歌う「まりもの歌」が大ヒット。まりも羊羹も予想以上に売れた。最近では宇宙飛行士の毛利衛が、「ゆったりとした気分に浸れるから」と宇宙まで携えたまりも羊羹。「クルーの人たちは喜んで食べていた」そうで、誕生まではもとよりその後もエピソードがつきない、北の地から生まれた銘菓なのである。

【塊炭飴】105

それほどの知名度はないが、赤平市生まれで一村一品にも選ばれ、長らく愛されているのがこの「塊炭《かいたん》飴」。塊炭に似せた色と光沢が見事に表現され、独特なニッキの味が特徴だ。

日本のエネルギー源として石炭が全盛だった頃、赤平で産出される高品質でカロリーの高い塊炭はとりわけ有名だった。そこで、菓子職人の石川豊作は昭和七(一九三二)年、北海道特産のビート糖と水飴を原料に中国産の天然ニッキを使い、この特産品にちなんだ飴を創製したのだ。飴の作り方は、まずビート糖に水飴を入れて煮詰め、百五十度に達し

［大嘗飴］106　味を大切にしているので色は純白ではないが、食べてみると納得。包装のまま中の飴をたたいて小さく割って食べるといい。

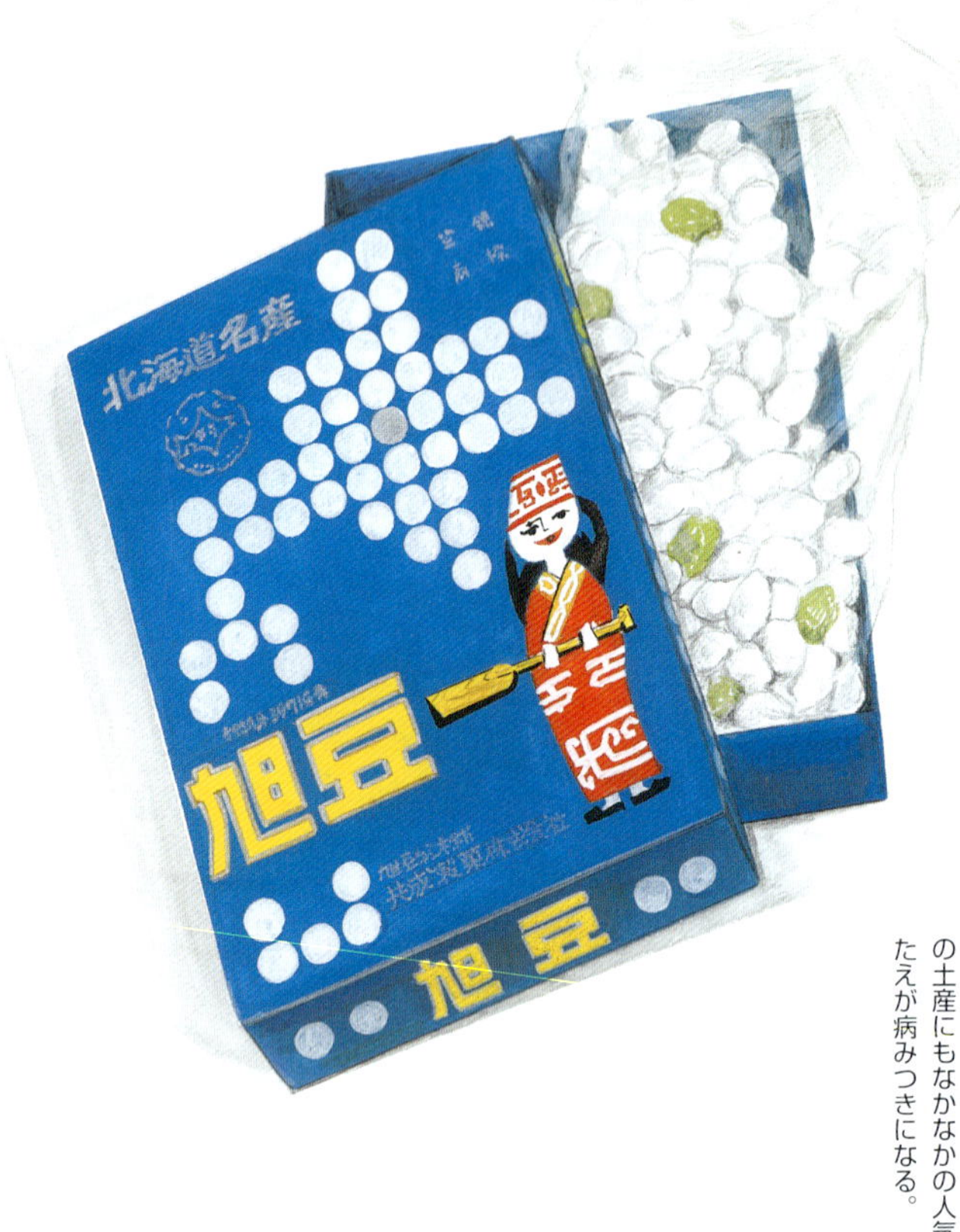

［旭豆］107　これほど真っ白な豆菓子は珍しく、本州方面の土産にもなかなかの人気。ごく軽い味で、確かな歯ごたえが病みつきになる。

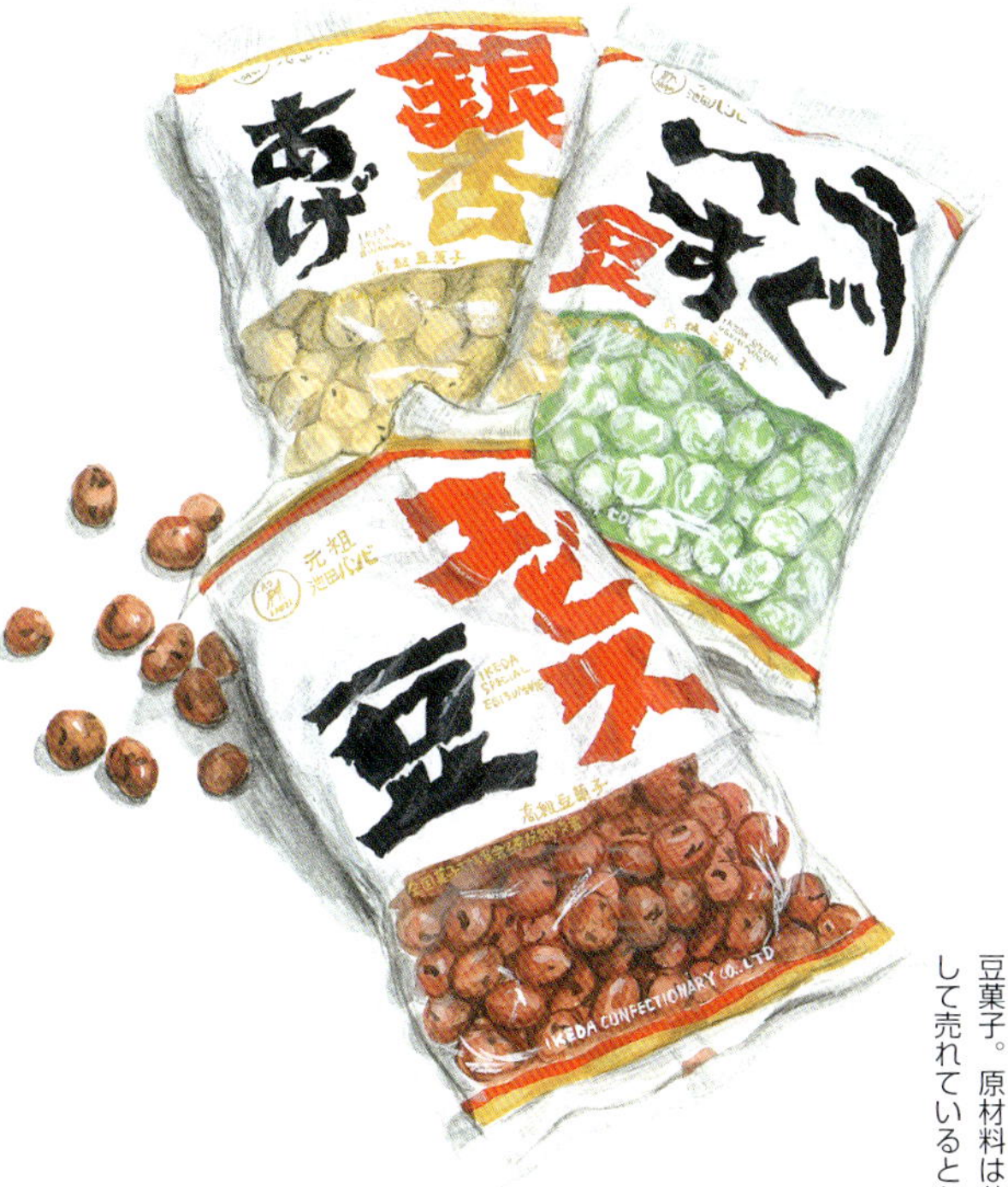

「豆菓子」108 味こそ異なるが、個性的な三種類からなる豆菓子。原材料は落花生。醤油味のエビス豆は、年中通して売れているとか。

「ミソノアイスクリーム」[109] 大正ロマンの香り漂う、これがミソノアイスクリーム。遠方の客には、ドライアイスを入れてくれる。

「わかさいも」110　このイモのような繊維を出すために、昆布を使っているのがミソ。パッケージデザインを故おおば比呂司さんが手がけているのは有名な話。

［花園だんご］111　そういえば、テレビドラマ「鬼平犯科帳」によく登場する峠の茶屋で、看板娘が客に運ぶ団子も確か醤油味だった——。やっぱり串団子は醤油味がイイ。

「カステーラ」112　見覚えある懐かしいレッテル。〝名誉総裁賞受賞〟という文字が、輝ける金字塔という感じ。今も愛され続け、映画館のデートで食べたという若い人もいる。

「とうまん」[113] 当時としては、物足りないほど甘みが抑えられていたが、今にしてみれば、シンプルで飽きのこない味だ。

「月寒あんぱん」[114] 明治三十九年に誕生した知る人ぞ知る札幌名物。月寒の〝アンパン道路〟は、このあんぱんを毎日五個食べた兵隊さんから生まれた。

〔山親爺〕115　缶に描かれた雪の結晶と熊が、子ども心にも鮮烈な印象を残してくれた。缶の中に入っている熊のオマケが、実は密かに人気なのだ。

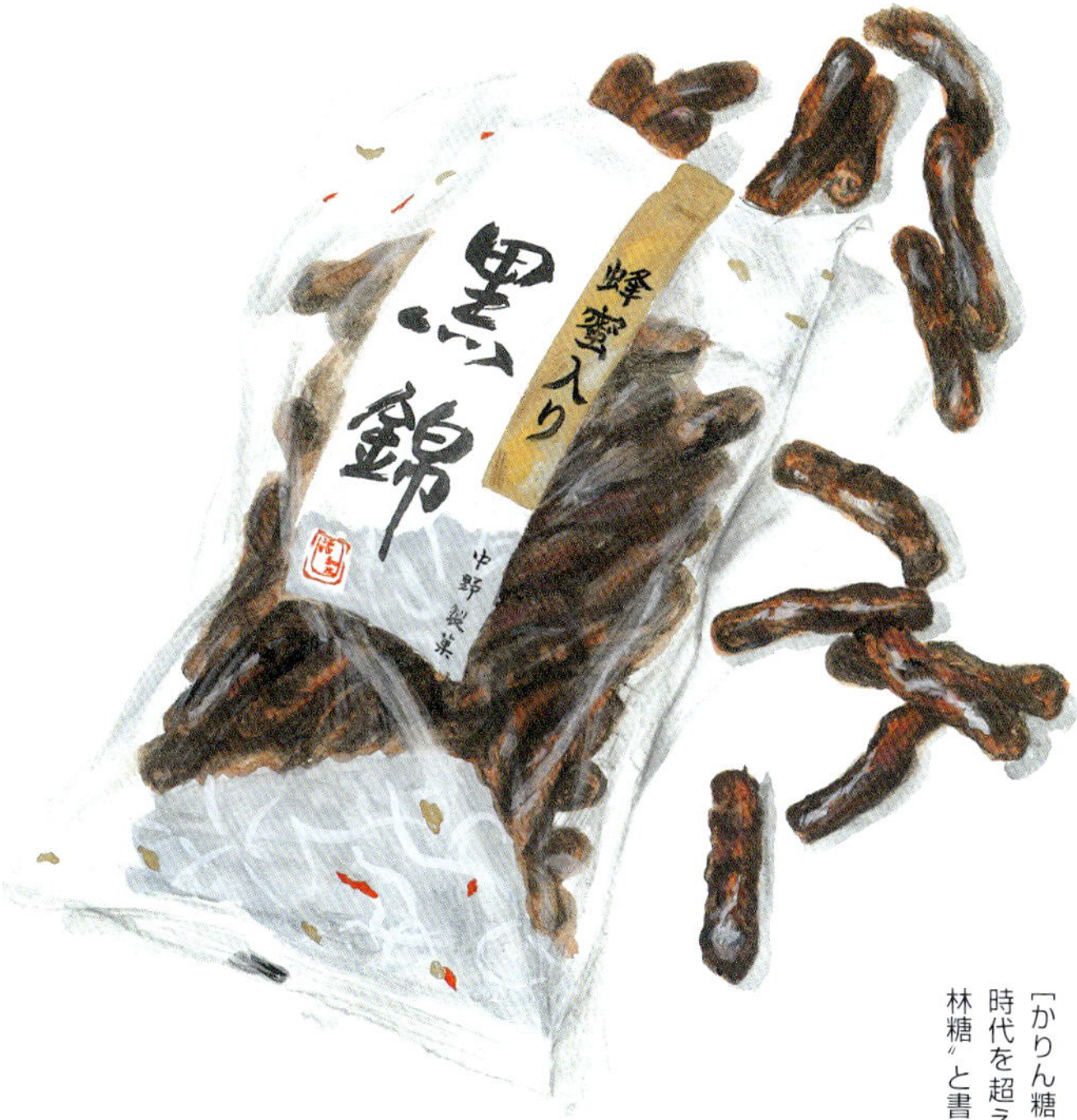

〔かりん糖　黒錦〕116　スタンダードな黒いかりん糖は、時代を超えて受け継がれてきた駄菓子の逸品。〃花林糖〃と書いて、〃かりんとう〃と読ませるなんて素敵。

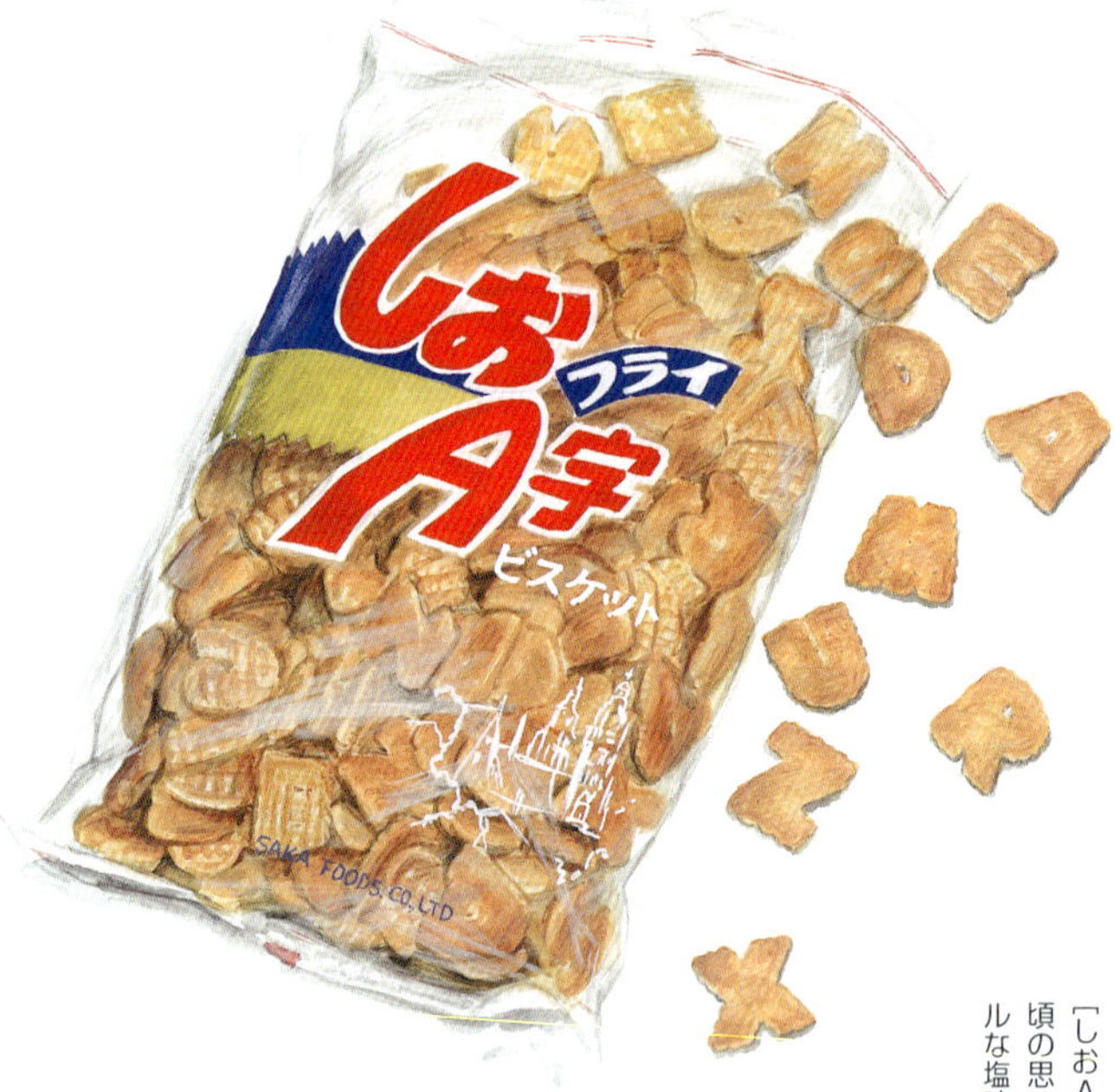

「しおA字フライ」117　懐かしさを誘うローマ字型に幼い頃の思い出が詰まっているようだ。飽きのこないシンプルな塩味がいい。

［ホワイトチョコレート］118 発売当初はさっぱり売れず、口コミで購買層が広がったホワイトチョコレート。故・坂本直行さんによる包装デザインが、なんとも心に残る。昭和五十二年、第十九回全国菓子博覧会では、名誉総裁賞を受賞している北の銘菓だ。

〔白い恋人〕[119] 昭和五十一年に発売され、あっという間に大ヒット！ そのロマンチックなネーミングが、北の〝白い季節〟に良く似合う。ホワイトチョコレートを二枚のクッキーでサンドしているのが特徴。

これからも
紳士淑女方御用達
永遠に――。

たところでニッキオイルを入れて冷ます。これを手でこねて板状に伸ばし、固まったものを手で削る。いわば完全な手作りで、今もこの作り方は石川商店の二代目、三代目と受け継がれている。そんな石川商店の姿勢が共感を呼んだのか、作家の吉川英治も生前愛好していたという。それはともかく、見かけは黒っぽく見えるが光りにかざすと濃い緑色をしたこの飴、なんともごつくて素朴だ。まして、口に含むと強烈なニッキの味が舌を刺すようで、一度食べたら忘れられないほど個性的である。炭鉱の町に生き続けるお菓子の真骨頂が、この強烈な個性にしっかり現れているようだ。

赤平炭砿は平成六（一九九四）年に閉山した。しかし、この塊炭飴だけは、昔の炭坑《ヤマ》の活気を今に伝える〝黒いダイヤ〟として、今後も生き続けて欲しいものだ。大量生産とは無縁に、昔ながらの作り方を守る石川商店の頑張りに期待したい。

【大甞飴】106

昭和二十年代終わりといえば、まだまだ甘いものが貴重品の時代だった。そんな時代に庶民の味方だったのが、この「大甞飴」である。

当時の値段は二十円。しんしんと雪の降る冬に、オブラートに包まれたかちかちの大甞飴を割って食べる楽しみ。水飴をベースにした素朴な味で、口の中に広がる甘さは母のぬくもりのようだった。

大甞飴が誕生したのは大正四（一九一五）年。大正時代と、大正天皇が即位後に行った大嘗祭の嘗の字から命名、嘗の字を簡略化した。創業者の谷田可思三は、栗山町で親類が経営する味噌と醤油の醸造元に勤めていたが、大正二（一九一三）年から独立して水飴の商いを始める。昔からひし形の丹きり飴はあったが板状のものはなく、暖気に弱い水飴を板状にしてみようと考案。もうひとつの人気商品「きびだんご」もそうだが、創業者は新製品を開発するのが大好きなアイデアマンだった。当初は五銭から始めたが爆発的な人気を呼び、戦後の最盛期（昭和二十九年）には一千万枚も売れた。そのせいか、天賞飴や丹頂飴など類似品も出まわったという。

しかし、ブームが去った昭和四十二（一九六七）年から八年間は製造を中止、消費者の強い要望にこたえて復活したのは同五十（一九七五）年から。パッケージはそのままだが、サイズが大きくなって値段は百円。ちなみにこのパッケージ、森永製菓のエンゼルマークに似ているので、戦後まもなく商標登録を買い取りたいという話もあったとか。

【旭豆】107

富山県から旭川に移住した片山久平は、常日頃旭川の名産を生み出そうと考えあぐねていた。そして着目したのが、全国で二五％の生産を誇る優良の大袖大豆である。数ある大豆のなかでも大袖大豆は高品質だが、虫がつきやすいので、早めに枝豆で食べることが多い。ところが、十勝の奥地では温度が低いせいか、虫もつかずにたくさん収穫できる。そこで、片山は故郷の三島豆にヒントを得て、枝豆になる大袖大豆を秋まで完熟させて使う豆菓子を思い立つ。十勝産の大袖大豆に、これまた北海道の特産である甜菜糖《てんさいとう》（ビート糖）で甘く衣がけして出来上がったシンプルな豆菓子が〝旭豆〟である。

〝旭川名産〟と銘打って売り出されたのは、明治三十四（一九〇一）年のこと。元祖旭豆総本舗である「共成製菓」の前身は、昭和三十（一九五五）年に設立された共成旭川支店（本社・小樽は同年解散）。搾油業から製菓業に転身を果たし、翌年に片山家より旭豆の商標権、設備、職人のすべてを譲り受けた。

ところで、旭豆といえば白が当たり前だが、緑色の豆が必ず少し混じる。何の色かと以前から疑問だったが、共成製菓宮田興社長によれば、「途中に少し変った味があった方が、飽きはこないでしょう」と抹茶をまぶしているそう。昔に比べて甘さは半分ほどに抑えているが、まだ甘いという意見が多いとか。宮田社長は、「茶菓子なので甘いのは当然なのですが……」。うーん、もし甘くない旭豆があったら、ビールのつまみにも似合いそう。とすれば、旭豆でなくなってしまうか。

【豆菓子】108

昔ほどではないにしても、香ばしい醤油味のエビス豆、ちょっと甘い砂糖味のうぐいす豆、油で揚げた塩味の銀杏《ぎんなん》あげの三種類は、お茶受けの定番。団塊の世代であれば、一度はおやつに食べた経験のある懐かしい袋菓子である。

このクラシックな豆菓子の製造元池田製菓は、北海道のメーカーである。もともと落花生を輸入する会社だったが、創業者の池田泰夫は抜群のアイデアマン。東京に出張した時に、当時の特急つばめ号に乗り、食堂車でビールのつまみに出たバターピーナッツに注目したのがきっかけ。まずバターピーナッツを作り、昭和十五（一九四〇）年には社名をツバメ製菓とした。同二十七（一九五二）年には親類に教わったエビス豆を作り大ヒット。その余勢でオリジナルに考案したのがうぐいす豆で、同三十八（一九六三）年に全国菓子大博覧会名誉総裁賞を受けている。さらに夏のビールのつまみにと考案されたのが、三種類の中では最後に登場する銀杏あげ。銀杏をイメージした形の塩味だから、甘いものが好まれない今の時代にもピッタリなのだろう。郷愁を誘うのは、大胆な文字を生かした袋のデザイン。時を経てじっくり眺めてみても、飽きのこない素敵なデザインであると思う。

【ミソノアイスクリーム】109

〝大正ロマンチシズム〟といえば、すぐに思い浮かぶのが竹久夢二。時代を象徴する詩人画家で、その繊細な作品が放つロマンの薫りや情念のぬくもりは、今も現代人の心を揺さぶる。そんな夢二のイメージを彷彿《ほうふつ》とさせるのが、小樽生まれの「ミソノアイスクリーム」。

港町小樽が、北海道の代表的な商業港として栄えた大正八（一九一九）年、創業者の漆谷勝太郎は道内で初めてといわれるアイスクリーム製造を開始。やがてレストラン美園も開き、手回しの機械で作るミソノアイスクリームには、いつも長蛇の列ができたという。

これほど小樽の人々に親しまれた懐かしい味が、今も「大正ロマンアイスクリーム」と「大正浪漫アイスモナカ」に受け継がれているのだ。人気の秘密は、赤井川産の牛乳や卵、蜂蜜など材料を吟味していることで、さわやかな風味もほかに類を見ない。

また、ミソノアイスクリームの良さはチャレンジ精神を忘れないこと。三代目の漆谷匡俊さんは、桃の節句には甘酒のシャーベット、冬期は限定の純白バニラアイスなど果敢な試みに励む。平成六(一九九四)年五月には、味に定評のある仁木町銀山産のイチゴを使った新製品「銀山苺アイスクリーム」を発売。完熟苺の生の味を、伝統のアイスクリームに練り込んだもので、五、六月の限定生産である。創業から約八十年、おばあちゃんが初めて食べたあの懐かしの味が、さまざまなバリエーションで甦るミソノアイスクリーム。大正ロマンの薫り漂う〝北の小さな宝物〟といえるだろう。

【わかさいも】110

修学旅行で洞爺湖周辺に行き、北海道を代表する銘菓のひとつ「わかさいも」を土産に買う。それが、わかさいも体験の最初だったという人も多いだろう。わかさいもは、関東大震災の大正十二(一九二三)年函館本線黒松内駅で〝焼《やき》芋《いも》〟として売られたのがその始まり。明治二十六(一八九三)年生まれの若狭函寿は、商店での丁稚奉公を経て、独立して焼芋を売り出す。

昭和五(一九三〇)年、函寿は洞爺湖温泉に移り住む。そのころは木賃宿が四、五軒しかない時代だが、将来は大観光地になる、と従業員わずか三名の小さな店「わかさや」を開く。わかさいもと改名したのは、新聞記者の友人から「焼芋では真似されやすい。いっそ若狭函寿の〝わかさ〟とやきいもの〝いも〟をくっつけたら」と、アドバイスされたことによる。戦時中は製造を中断したものの、昭和二十五（一九五〇）年から再開。昭和三十年代には、第四十五回国際菓子大博覧会（ロンドン）金メダルなど各種コンクールに入賞、わかさいも黄金時代を迎える。

また、パッケージデザインは、昭和三十年代からおおば比呂司が担当。このわかさいものヒットから、おおばデザインの商品は、必ずヒットするというジンクスが食品業界に生まれたそうだ。芋にそっくりのわかさいもだが、主原料は洞爺周辺で生産される大福豆。芋のような筋は昆布が使われ、本物の芋を使わずに、芋のような風味を生み出している点が素晴らしい。

【花園だんご】 111

「中秋の名月」といえば、団子がすぐに思い浮かぶ。きれいな円いお月様を眺めながらの味わいはまた格別だ。おなじみの「花園だんご」は小樽生まれ。そのルーツは明治五（一八七二）年頃までさかのぼるといわれる。当時の小樽は、北海道の拠点港として栄え、多くの人が集まる都市だった。港湾で働く人たちの疲れを癒し、歓楽街で働く女性たちの大きな楽しみでもあったのが甘い和菓子。当時、花園公園（現小樽公園）の近くに、たくさんの団子屋が店を開き、その団子がいつしか花園団子という名で呼ばれるようになった。その味を受け継ぎ、「花園だんご」の名前で本格的な商売を始めたのが新倉屋だ。店舗を構えたのは昭和十一（一九三六）年のことである。

最初は糸切り団子を串に刺しただけの素朴なものだったが、二代目が美しく独特なあんの付け方を考案した。団子の上にカーブを描くようにあんを盛り上げる。あんの盛り上げは洋ナイフ一本で行うことから「山型二刀流」と呼ばれている。戦前の洋ナイフでないと形が決まらないそうで、今ではこのあんの形が花園だんご最大の特徴となっている。味は、黒あん、白あん、抹茶あん、胡麻、醤油の五種類。最近は甘い味より、風味の優れた胡麻と甘辛い醤油が人気だ。

【カステーラ】112

カステラといえば、病気になった時に食べる〝高級品〟というイメージが、幼い頃にはあった。文明堂の有名なCM「カステラ一番、電話は二番……」は耳になじんでいたが、いつでも食べられるというわけではない。

その点、この「カステーラ」は菓子パンと一緒にさりげなく雑貨屋の店頭に並んでいた。どこのメーカーで製造しているのか知る由もなかったが、遠足の友に、三時のおやつにと大活躍。子どもの空腹を満たすには、キャラメルや飴玉よりも効果的だった。

旭川にある高橋製菓は、大正六（一九一七）年創業。カステーラはその約四年後に売り出され、サイズが小さくて食べやすく、値段も安かったことから人気を博す。昭和三十一（一九五六）年には、全国菓子博覧会の名誉総裁賞を受賞している。

　現在でもコンビニや映画館の売店などに置かれ、息長く売れている。昔は表に紙のレッテルが斜めに巻かれており、それはすべて手巻きの作業で最盛期は人手が大変だったらしい。「カステーラといえば、あのレッテル」というほど子ども心に焼きついている。今はパッケージに印刷されていて寂しい気はするが、このレッテルが想い出と重なり、ほのかな甘さを増してくれる。カステーラの代用品は数多くあるが、このほのかに甘く、そして優しい歯ざわりは何ものにも替え難い魅力だろう。

【とうまん】113

　昭和三十年代、札幌で子ども時代を過ごした者にとって、〝まるいさん〟こと丸井今井百貨店ほどなじみのデパートはなかった。六階（後に七階）に「道新ニュース劇場」という小さな映画館があって、内外のニュース映画やディズニーの短編アニメを上映。入場料が確か子ども十円という安さもあり、買い物をする母親たちが託児所代わりに子どもを預けていた。映画が終わると、子どもたちは本館一階入り口近くにあった「とうまん」売り場へ行き、ガシャンガシャンと鳴る機械が自動的にとうまんを作り上げる様を、飽きずに眺めた。母親のあまりにも長い買い物にウンザリしながら……。

そんな想い出の詰まった、とうまんは現在の札幌市役所の敷地内に建っていた中央創成小学校のPTA費用を工面するために考案された菓子だとか。

ＰＴＡでつながりのあった、お茶屋経営の初代・増本庄太郎と海産物商の二代目・前田重義が、小学校の向かいにあった丸井今井の一角を借りて、とうまんを作り始めたのが昭和二十七（一九五二）年。売り出しと同時に予想外の人気を呼び、同年、すぐに冨士屋を設立したほどだ。とうまんの名前は、丸井今井の創業者・今井藤七の「藤」に由来するという説もあるが、小麦粉に砂糖、鶏卵を混ぜて作った皮であんを包んだ焼き菓子を「とうまんじゅう」と呼んでいたことから名づけられたというのが本当らしい。

現在、札幌市内には丸井今井地下食料品売場のほか、ＪＲ札幌駅にも、とうまん売り場がある。丸井今井の方の製品の表面には「とうまん」の文字のほかに、丸井今井の旧マーク「(井)」の焼き印が押されている。とうまん誕生に欠かせない丸井今井の存在の証しが今も残っているのだ。

【月寒あんぱん】114

昔は、どこの駄菓子屋さんの店先にもさりげなく並んでいた「月寒あんぱん」。しっとりした生地にたっぷりとこしあんが詰まり、あんぱんというより月餅《げっぺい》風のおまんじゅうだ。そもそも本間製菓（現ほんま）は、軍隊の御用商人として明治三十九（一九〇六）年に創業された。その当時、東京・銀座木村屋ではあんぱんが大人気。どんなものか見たことはないが、そのモダンな響きから「こんなものだろう」と月寒あんぱんが作られ、名づけられたらしい。

ところで、月寒から平岸に抜ける道路は通称〝アンパン道路〟といわれている。これには由来があり、明治四十四（一九一一）年に第二十五連隊と住民が協力してこの道路を造る際、豊平町が感謝を込めて月寒あんぱんを提供。このあんぱんを毎日五個ずつ頬張りながら完成したことから、誰ともなくアンパン道路と呼ぶようになったという。

誕生から約百年、北海道で最も古い菓子のひとつといわれる月寒あんぱんに、こんな逸話があったのだ。ちなみに月寒という地名、アイヌ語で〝つきさっぷ〟といわれ、あんぱんも「つきさっぷあんぱん」と呼ばれていた。創業以来、頑固な製法を守り続けているが、昔に比べてサイズは小ぶりで甘さは控えめ。昔のあんは、黒砂糖を使っていたのでとても甘かったが、今はビート糖に変えて甘さを抑えている。時代の移り変わりのなかで少しずつ変わっているが、なぜか昔よりおいしく感じられるのは気のせいだろうか。

手を休めて、
パリパリ、サクサク。
たまらなく愛しいおやつたち——。

【山親爺】115

近年、ホワイトチョコレートやバターサンドが本州方面で人気を呼んでいるという。しかし、歴史ある「山親爺《やまおやじ》」こそ、まさしく北海道を代表する銘菓といえよう。北海道産の新鮮なバター、牛乳、鶏卵を使いながら軽やかな味で、サクサクした歯ごたえが何ともいえない。〝山親爺〟とは、北海道に生息する羆《ひぐま》の俗称。それをバター煎餅《せんべい》の名称に使うとは、何と大胆なことか。一枚一枚に、丸々と太った熊がスキーをはいてサケを背負った姿が刻印され、そのユニークな缶とあいまって頰笑ましい。

現在の山親爺の誕生は昭和五（一九三〇）年のことで、札幌千秋庵の創業者である岡部式二が考案した。そもそも千秋庵は、幕末に秋田から北海道へ渡った佐々木吉兵衛が函館で創業。ところが三年で失敗、職人たちが函館、小樽、旭川に散らばって再興した。岡部式二は、明治の頃に東京の壷屋で修業していたが、小樽の千秋庵に誘われて北海道を渡った。大正十（一九二一）年には札幌の現在地（狸小路三丁目）で独立を果たす。それが今や札幌の千秋庵は、北海道各地はもとより仙台や東京にまで支店を持つ老舗に成長している。

再び山親爺に戻るが、この煎餅を愛する作家や歌人は多く、札幌出身の船山馨もその一人。左党で菓子はほとんど口にしなかったが、「山親爺というせんべいだけは、常時愛食している。いかにも北海道の菓子らしい風味である。かんでいると、望郷のおもいすらわく」と語っている。文士にこれほど愛されるとは、幸せな菓子というべきだろう。

【かりん糖　黒錦】116

昭和三十年代の子どものおやつといえば、かりん糖が定番だった。駄菓子屋さんに量り売りを買いに走ったり、近所にお使いに行き、チリ紙に包まれたかりん糖をお駄賃にもらったりしたものだ。甘いものが貴重な時代だったから、黒砂糖の甘さがうれしくて食べ過ぎ、夕食を食べられなかった記憶もある。

漢字で「花林糖」と美しく書かれるかりん糖のルーツは唐の国。遣唐使がもたらした唐菓子の中に練った小麦粉や餅を油揚げしたものがあり、それをヒントに江戸っ子好みの雑菓子として創作した。浅草仲見世の飯田屋が元祖で、明治二十八（一八九五）年、棒状のものに黒砂糖をつけて売り出す。素朴で単純な甘さが好評を博し、たちまち下町に広がっていった。黒砂糖が使われたのは、白砂糖は江戸末期まで上菓子にしか使用が認められず、雑菓子には黒砂糖しかなかったからという。

かりん糖でおなじみの中野製菓は、北海道のメーカー。大正十二（一九二三）年、初代・中野竹三郎によって小樽市花園に創立された。当初からかりん糖をメインに製造、昭和二十八（一九五三）年には工場を同市の真栄に移転して、かりん糖業界では初めてのオートメーション装置をとり入れている。昭和四十五（一九七〇）年には、ロングセラーの「黒錦」を発売。値段は、現在の袋入りに換算すると約五十円だった。以来、蜂蜜を入れたり甘みを抑えたりし、信頼のJASマークがついた中野のかりん糖は不朽の袋菓子として君臨する。

【しおＡ字フライ】117

向田邦子だと思ったが、エッセイで幼い頃におやつで食べた英字ビスケットの話を書いていた。兄弟で分ける時、「HやKやMならいいが、IやLがまわってくるとガッカリした」という意味のことを語っていて笑い転げたことがある。IやLでは食べがいがなくて、つまらなかったらしい。世代は違うが、昭和三十年代においても、ローマ字型の英字ビスケットはポピュラーなおやつ。幼な心にもハイカラな感じがして、甘いクリームサンドと並んでいまだ記憶に残っている。

坂栄養食品は、明治四十四(一九一一)年に創業された北海道唯一のビスケットメーカーである。創業者の坂尚謙は、父親が北海道初の澱粉工場として設置したものを引き継ぎ、昭和二十四（一九四九）年からビスケットの製造をスタートさせた。根強い人気の「しおA字フライ」は、六年後に売り出された。もともとは、しお英字フライだったが「A字」に改められたのは一九八〇年代に入ってから。というのも、「英字」だとアルファベット二十六文字が、全部入っていると思われるからである。A字フライは、普通の英字ビスケットより小さいので折れやすいせいか、実はF、I、J、K、L、P、T、V、Yの文字は入っていない。同社はほかに、バタークッキーやミルクビスケットなど数種類の製品があるが、昔からのしおA字フライがなぜか断トツの売れゆき。飽きのこないシンプルな塩味と懐かしさを誘うローマ字型が、愛され続けている要因かもしれない。

【ホワイトチョコレート】118

今では珍しいとはいえない「ホワイトチョコレート」だが、〝チョコレートといえば黒か茶色〟しかイメージできない時代が長かった。昭和四十三（一九六八）年に日本で初めてホワイトチョコレートを売り出したのは、帯広に本社を構える帯広千秋庵（現六花亭、小田豊社長）。当時の社長・小田豊四郎は、ヨーロッパ視察旅行中にオランダで白いチョコレートを知り、これだと閃《ひら》めいた。以前からチョコレート製造を手掛けたいと思っていたが、日本では大手菓子メーカーが市場を占め、正攻法では太刀打ちできない。そこで、これまで日本には無かった白いチョコレートで、市場に参入することにした。

製造方法は、原理的には普通のものと全く変わらない。カカオ豆を煎った紛末に香料と牛乳、砂糖を加えるのだが、色がつかないようにカカオ豆からカカオバターを抽出、ミルクをたっぷり加えると出来上がり。けれども、発売当初は全く売れなかった。

しかし、発売から約三年後、急速に売れ出す。当時は国鉄広尾線の幸福駅がブームで、〝カニ族〟が帯広周辺に詰めかけていた。その若者たちが、帯広土産としてホワイトチョコを本州に持ち帰ったことが要因のようだ。やがて全国的に広まり、今や誰もが知る北海道銘菓に成長している。帯広千秋庵はその後、昭和八（一九三三）年から掲げ続けた「千秋庵」の暖簾《のれん》を本家の札幌千秋庵に返し、現在の六花亭を名乗っている。今なお北海道土産として愛されるホワイトチョコレートは北の銘菓の名に恥じない存在だ。

【白い恋人】119

今なお記憶に残る映画に、札幌でロードショー公開された『ロミオとジュリエット』『白い恋人たち』の二本立てがある。前者はオリビア・ハッセー主演の恋愛映画で、後者はフランスで開催された第十回冬季オリンピックのドキュメンタリー映画。実は、友人のカップルがこの二本立て映画で初デート。トントン拍子に話は進み、めでたくゴールインしたのである。それはさておき、『白い恋人たち』は、フランシス・レイの甘美な音楽とともにとりわけ忘れ難い映画で、昭和四十三（一九六八）年の公開。それから八年後に、「白い恋人」が石屋製菓から発売される。当時、そのネーミングのうまさに驚かされたものだが、あれよあれよという間にヒット商品となり、昭和五十五（一九八〇）年には北海道の菓子売り上げランキングの第一位に輝く。

人気の秘密は、ロマンチックなネーミングはもとより、ホワイトチョコレートをクッキーで挟むというアイデアと味の良さだろう。ラングドシャーとはバターと卵をふんだんに使った薄焼きクッキーのことで、お菓子の本場フランスではクッキーの王様といわれているそうだ。この二枚の間に、ホワイトチョコをサンドしたのが白い恋人である。クッキーの外側にチョコレートをコーティングした菓子はよくあるが、これではチョコレートが溶けると手が汚れてしまう。これを逆にした白い恋人は、世界でも初めての試みで、石屋製菓はその製法の特許を取得しているという。

ともあれ、ホワイトチョコのソフトな甘さとラングドシャーの香ばしさがマッチし、なんとも豊かな味わいが口の中に広がる。北海道限定販売で、郷土銘菓としての性格を明確に打ち出しながら、全国的に人気を博した白い恋人。平成十二（二〇〇〇）年には発表から二十五周年を迎えており、まさに北海道を代表する銘菓といえる。

掲載商品案内及び問い合せ先一覧

001［雷おこし］味六宝・手古舞・福にぎり 他 袋入（180g）五〇〇円 化粧箱36枚入一五〇〇円 化粧缶72枚入三〇〇〇円
株式会社常盤堂雷おこし本舗 東京都台東区浅草三丁目六番一号〈総務部〉電話〇三—三八七六—五六五六

002［名菓 ひよ子］1個八〇円 5個入四五〇円 16個入一五〇〇円 木箱30個入三五〇〇円 他
株式会社ひよ子 福岡市南区向野一—一六—一三〈経営企画室〉電話〇九二—五六一—七一一四

003［おもかげ］（黒砂糖羊羹）大棹四八〇〇円、竹皮包二四〇〇円、中形一四〇〇円（各1本）小型1箱三二〇円
株式会社虎屋 東京都港区赤坂四—九—二二〈お客様相談センター〉電話〇一二〇—四五四—一二一

004［白松がモナカ］（大納言・大福豆・胡麻）ミニモナカ四五円 小型八五円 中型一二〇円 大型一六〇円（各1個）他
株式会社白松がモナカ本舗 仙台市青葉区大町二丁目八番二三号 電話〇一二〇—〇〇—八九四〇

005［文明堂のカステラ］1S号一〇〇〇円 1号一四〇〇円（各1本）特撰五三カステラG—1号一八〇〇円
文明堂銀座店北海道支社 札幌市中央区南一条東二丁目三栄ビル 電話〇一一—二三一—〇〇〇二

006［栄太楼飴］（梅ぼ志飴）袋入（150g）三五〇円 小缶（90g）二八〇円 大缶（160g）四四〇円 他
株式会社栄太楼総本舗 東京都中央区日本橋一—二—五 電話〇一二〇—二八四—八〇六

007［カンロ飴］袋入（155g）一八〇円（標準小売価格）
カンロ株式会社 東京都中野区新井二—一〇—一一 電話〇三—三三八五—八八一一

008［森永ビスケットマリー］3枚パック×8袋入二〇〇円 ミニ6枚入八〇円
010［森永チョコボール］キャラメル・ピーナッツ・いちご 各六〇円 カラーボール八〇円 他
011［森永エンゼルパイ］バニラ味2個入一二〇円 4個入二〇〇円 10個入五〇〇円前後
012［森永チョコフレーク］箱入（65g）一二〇円 袋入（33g）六〇円、（155g）二〇〇円（33g×5袋）三〇〇円
052［森永純ココア］（110g）三六五円
森永製菓株式会社 東京都港区芝五—三三—一〈お客様相談室〉電話〇三—三四五六—〇一三六

009［カンパン］（220g）二〇〇円 缶入（100g）二四〇円（氷砂糖入）ホームサイズ（475g）一二〇〇円（金米糖入）
三立製菓株式会社 静岡県浜松市常磐町三〇〇番地〈企画開発部〉電話〇五三—四五三—三二一四

013 [グリコ] 5粒入六〇円　8粒入一〇〇円　袋入（105g）二〇〇円　他
018 [ビスコ]（40g）六〇円（72g）一〇〇円（5枚×10袋入）三〇〇円　他
江崎グリコ株式会社　大阪市西淀川区歌島4―6―5〈お客様相談センター〉電話〇六―六四七七―八一三九

014 [ミルキー]（138g）二〇〇円（68g）一〇〇円　7粒入五〇円　他
015 [パラソルチョコレート] 1本五〇円
株式会社不二家　東京都中央区銀座七丁目二番一七号〈総務部広報担当〉電話〇三―三五七二―四五九四

016 [明治ミルクチョコレート] 一〇〇円　一五〇円　二〇〇円
017 [チェルシー] バタースカッチ、ヨーグルトスカッチ10粒入一二〇円　ミックス103g二〇〇円　プチイチゴミルク10粒入一〇〇円
019 [カルミン] 15粒入五〇円
明治製菓株式会社　東京都中央区京橋二丁目四番一六号　電話〇三―三二七三―三三七五

020 [キャラメルコーン]（159g）一六〇円前後（98g）一三〇円前後（30g）五〇円前後　他
株式会社東ハト　東京都渋谷区代々木二―一―一〈マーケティング室〉電話〇三―五三五二―八〇八八

021 [かっぱえびせん] レギュラーサイズ（100g）一三〇円　スリムサイズ（60g）八五円　小袋（30g）四〇円前後　他
カルビー株式会社　東京都北区赤羽南一―二〇―一〈お客様相談室〉電話〇三―三九〇二―五九八三

022 [揖保乃糸] 手延素麺上級6把（300g）三五〇円　他に冷麦、めんつゆもあり
兵庫県手延素麺協同組合　兵庫県龍野市龍野町富永二一九―二〈営業部企画開発課〉電話〇七九一―六二―〇八二六

023 [田丸屋のわさび漬] 金印（170g）一〇〇〇円　特製（210g）七〇〇円　吟醸（220g）一〇〇〇円
株式会社田丸屋本店　静岡県静岡市紺屋町六番地の七〈業務部〉電話〇五四―二五八―一一一五

024 [かねさ甘味噌] ピロー（500g）二〇〇円（1.2kg）四四五円　カップ（1kg）四〇〇円（標準小売価格）
かねさ株式会社　青森市大字浜田字玉川二〇二　電話〇一七―七三九―五二二一

025 [キッコーマンしょうゆ] こいくち・うすくち（1.8ℓ）五六〇円（1ℓ）三三〇円（500mℓ）一九〇円（希望小売価格）他
キッコーマン株式会社　千葉県野田市野田二五〇〈お客様相談室〉電話〇三―五五二一―五一一一

026 [純正ごま油]（200g）三二〇円（400g）五六〇円（70g）一五五円
かどや製油株式会社　東京都品川区西五反田八―二―八　電話〇一二〇―一一―五〇七二

027 [キユーピーマヨネーズ]（1kg）六一〇円（700g）四三九円（500g）三一九円（300g）二二七円（200g）一五八円（50g）五五円（参考小売価格）他
キユーピー株式会社　東京都渋谷区渋谷一―四―一三〈お客様相談室〉電話〇三―三三〇〇―〇一三三

028 [ブルドックソース]　ウスター・中濃・とんかつ（500mℓ）三三〇円（300mℓ）二二〇円（各1本）
ブルドックソース株式会社　東京都中央区日本橋兜町一一―五〈経営企画部経営企画グループ〉電話〇三―三六六八―七五一九

029 [クレードルのアスパラガス]　4号缶（内容総量425g）一〇五〇円　250g缶（内容総量250g）五三〇円　BF1缶（内容総量130g）二五〇円
クレードル興農株式会社　札幌市中央区南四条西一三丁目二―二八〈営業課〉電話〇一一―五六一―三二八一

030 [雪印北海道チーズ]（225g）三五〇円
雪印乳業株式会社　札幌市東区苗穂町六丁目一―一〈広報部〉電話〇一一―七〇四―二三三六

031 [雪印コンビーフ]（100g）三〇〇円（190g）五五〇円
雪印食品株式会社　札幌市東区本町一条九―二―八〈お客様相談室〉電話〇一二〇―四一八六九〇

032 [さんま蒲焼]（内容総量100g）一五〇円
マルハ株式会社　東京都千代田区大手町一―一―二〈お客様相談室〉電話〇一二〇―一七〇八一一

033 [チキンラーメン]　袋めん1食入九〇円　ミニ3食入一二〇円　他
日清食品株式会社　大阪市淀川区四―一―一〈広報部〉電話〇六―六三〇五―七七二二

034 [江戸むらさき]（90g）一七八円前後（130g）二四二円前後　他
株式会社桃屋　東京都中央区日本橋蠣殻町二―一六―二〈お客様相談室〉電話〇三―三六六八―七八四一

035 [鮭筍味付]（内容総量180g）二三〇円（内容総量100g）一四五円
株式会社ニチロ札幌支社　札幌市北区北七条西六丁目二―三四　キタノビル5F　電話〇一一―七二八―六七八六

036 [ハウスバーモントカレー]　甘口・中辛・辛口（125g）一六五円（250g）二七〇円（各1箱）
ハウス食品株式会社　東京都千代田区紀尾井町六―三　電話〇三―三二六四―一二三一

037 [カップヌードル]　一五五円　ミニ九〇円　ビッグ一七五円　他
日清食品株式会社　東京都新宿区新宿六丁目二八―一〈広報部〉電話〇三―三二〇五―五二五二

038 [山本山の海苔　あさくさ]　全型焼海苔（全型15枚分）三〇〇〇円　味付海苔（全型11・87枚分）二五〇〇円
株式会社山本山　東京都中央区日本橋二―五―二　電話〇三―三二七一―三三六一

039［ヱビスビール］大びん（633mℓ）三三五円　中びん（500mℓ）二八二円　小びん（334mℓ）二〇四円（参考小売価格）他
050［リボンオレンジ］（200mℓ）八〇円（希望小売価格）
サッポロビール株式会社　東京都渋谷区恵比寿四—二〇—一恵比寿ガーデンプレイス内〈お客様相談センター〉電話〇一二〇—二〇七八〇〇

040［キリンラガービール］大びん（633mℓ）三一六円　中びん（500mℓ）二六七円　小びん（334mℓ）一八九円（参考小売価格）他
キリンビール株式会社　東京都中央区新川二丁目一〇番一号〈お客様相談室〉電話〇一二〇—一一一五六〇

041［赤玉スイートワイン］赤・白（550mℓ）各五四〇円　他にキングサイズ・ジャンボボトルなどもあり
044［トリスウイスキー］（640mℓ）八四〇円　他にポケット瓶・ジャンボボトル・でかトリスなどもあり
サントリー株式会社　大阪市北区堂島浜二—一—四〇〈お客様相談室〉電話〇一二〇—一三九—三一〇

042［電気ブラン］アルコール分40％（720mℓ）一〇五九円（360mℓ）五九八円　アルコール分30％（550mℓ）六三〇円　他
合同酒精株式会社　東京都中央区銀座六丁目二番一〇号〈広報宣伝室〉電話〇三—三五七五—二七七七

043［ブラックニッカ］（720mℓ）一三六〇円　ダブルサイズ（1440mℓ）二五六〇円　六角ボトル（1920mℓ）三三四〇円　ポケット（180mℓ）三八〇円
ニッカウヰスキー株式会社北海道支社　札幌市中央区北一条東二丁目五—二札幌泉第一ビル　電話〇一一—二四一—四一〇一

045［丹頂千歳鶴］（1.8ℓ）一八三五円（720mℓ）七七七円　他
日本清酒株式会社　札幌市中央区南三条東五丁目二番地〈マーケティング部〉電話〇一一—二二一—七一〇九

046［さつま白波］（1.8ℓ）25度一六六〇円（900mℓ）25度八七〇円
薩摩酒造株式会社　鹿児島県枕崎市立神本町二六　電話〇九九三—七二—一二三一

047［上撰　ワンカップ大関］（180mℓ）二一四円
大関株式会社　兵庫県西宮市今津出在家町四番九号〈宣伝販売企画グループ〉電話〇七九八—三二—三〇一五

048［カルピス］（500mℓ）四四〇円（希望小売価格）
カルピス株式会社　東京都渋谷区恵比寿西二—二〇—三〈お客様相談室〉電話〇三—三七八〇—二一二七

049［ポッカ100レモン］（150mℓ）二七〇円（300mℓ）四六〇円（450mℓ）五〇〇円　他
株式会社ポッカコーポレーション　名古屋市東区代官町三五—一六〈お客様相談室〉電話〇五二—九三二—三七七八

051［ＵＣＣ缶コーヒー　オリジナル］（250mℓ）一一五円
ＵＣＣ上島珈琲株式会社　神戸市中央区港島中町七—七—七〈広報担当〉電話〇七八—三〇四—八八一三

053 〔バラ印の角砂糖〕ポンドもの（大粒・小粒）二五〇円（1kg）四五〇円 他
大日本明治製糖株式会社 東京都中央区日本橋一―五―三〈砂糖部〉電話〇三―三二七一―一三三三

054 〔ゴールデンバット〕20本入一一〇円
055 〔ピース〕10本入一三〇円 缶入50本七〇〇円
日本たばこ産業株式会社札幌支店 札幌市中央区北三条西一五丁目JT札幌ビル 電話〇一一―六四三―一一二二

056 〔太田胃散〕（75g）六八〇円（140g）一二〇〇円（210g）一六八〇円
株式会社太田胃散 東京都文京区千石二丁目三番二号〈広報部〉電話〇三―三九四四―一三一一

057 〔仁丹〕430粒入三五〇円 詰め替え1080粒入六〇〇円 他
森下仁丹株式会社 大阪市中央区玉造一丁目一番三〇号〈マーケティング部〉電話〇六―六七六一―一一三四

058 〔外用雪の元〕（20g）七〇〇円
株式会社雪の元本店 奈良県橿原市大谷町一八二番地〈消費者相談室〉電話〇七四四―二二―二四四〇

059 〔メンソレータム〕（75g）九〇〇円（35g）六八〇円（12g）三八〇円
ロート製薬株式会社 大阪市生野区巽西一―八―一 電話〇六―六七五八―一二三〇

060 〔吸出し青膏〕（たこの吸出し）（10g）一一〇〇円（20g）一六〇〇円
町田製薬株式会社 東京都渋谷区笹塚一―三五―一〈お客様係〉電話〇三―三四六六―二四四一

061 〔オロナインH軟膏〕チューブ（10g）二四〇円 瓶（30g）四四〇円（100g）九四〇円 他
大塚製薬株式会社 東京都千代田区神田司町二―九〈くすり相談室〉電話〇三―三二九二―〇〇二一

062 〔宇津救命丸〕119粒九五〇円 247粒一八五〇円 他
宇津救命丸株式会社 東京都千代田区神田駿河台三―三〈お客様相談室〉電話〇一二〇―五四一―四一九

063 〔救心〕16粒一二〇〇円 30粒二一〇〇円 60粒三九〇〇円 他
救心製薬株式会社 東京都杉並区和田一丁目二一番七号〈広報課〉電話〇三―五三八五―三二一一

064 〔ケロリン〕12包七〇〇円 28包一三〇〇円 64包二五〇〇円
株式会社内外薬品商会 富山市三番町三―一五〈営業二部〉電話〇七六―四二一―五五三一

065 〔キンカン〕（110mℓ）一二〇〇円（50mℓ）七二〇円
株式会社金冠堂　東京都世田谷区三軒茶屋一―三四―一四〈企画開発部〉電話〇三―三四二一―六一七一

066 〔強力わかもと〕1000錠二五〇〇円　300錠一〇〇〇円
わかもと製薬株式会社　東京都中央区日本橋室町一丁目五番三号〈お客様相談室〉電話〇三―三二七九―一二二一

067 〔パンシロン〕20包九七〇円　48包一七〇〇円　60錠九七〇円　120錠一六〇〇円　他
ロート製薬株式会社　大阪市生野区巽西一―八―一　電話〇六―六七五八―一二三〇

068 〔新ルル-A錠〕35錠九八〇円　60錠一六〇〇円　110錠二六〇〇円（希望小売価格）
三共株式会社　東京都中央区日本橋本町三―五―一　電話〇三―五二五五―七一一一

069 〔オロナミンCドリンク〕（120mℓ）一〇五円
大塚製薬株式会社　東京都千代田区神田司町二―九〈消費者室〉電話〇三―三二九二―〇〇二一

070 〔養命酒〕（700mℓ）一五五〇円（1000mℓ）二二〇〇円
養命酒製造株式会社　東京都渋谷区南平台町一六―二五〈広報部〉電話〇三―三四六二―八三三八

071 〔ヘチマコロン〕（230mℓ）九〇〇円　Lボトル（400mℓ）一三〇〇円　ミニ（80mℓ）三八〇円（希望小売価格）　他にミスト、乳液などもあり
株式会社ヘチマコロン　東京都千代田区五番町一二番地　電話〇三―三二六一―一〇〇三

072 〔丹頂チック〕（100g）七〇〇円
株式会社マンダム　大阪市中央区十二軒町五番一二号〈広報室〉電話〇六―六七六七―五〇二〇

073 〔大島椿〕ヘアケア用ツバキ油100％（40mℓ）九〇〇円（60mℓ）一三〇〇円
大島椿株式会社　東京都港区海岸一―九―一一マリンクスタワー〈お客様相談室〉電話〇一二〇―四五七―一七八

074 〔加美乃素〕加美乃素A　加美乃素A無香料各（200mℓ）一三五〇円　加美乃素AD（200mℓ）一五〇〇円
株式会社加美乃素本舗　神戸市中央区熊内橋通三丁目三番二五号〈マーケティング部〉電話〇七八―二三一―一四五五

075 〔ドルックス化粧品〕オードルックス（化粧水・150mℓ）六〇〇円　レーデボーテ（乳液・150mℓ）六〇〇円　他

079 〔MG5〕（150mℓ）五〇〇円（300mℓ）八〇〇円　他
資生堂コスメンティー株式会社　東京都中央区銀座七―五―五〈お客様窓口〉電話〇一二〇―八一―四七一〇

076 [ロゼット洗顔パスタ] 普通肌・荒性肌（90g）各六五〇円（60g）五〇〇円
ロゼット株式会社 東京都品川区東品川三―二六―一〇〈お客様センター〉電話〇一二〇―〇〇―四六一八

077 [マダムジュジュ]（45g）六〇〇円
ジュジュ化粧品株式会社 神奈川県厚木市戸室五―三一―一 電話〇三―五二六九―二一二一

078 [タバコライオン]（160g）一二五〇円
ライオン株式会社 東京都墨田区本所一―三―七 電話〇三―三六二一―六六一一

080 [ヤマト糊] チューブ入（55g）八〇円（220g）二三〇円、ボトル（70g）一〇〇円（2kg）一五〇〇円 他に補充用、ずこう用などあり
ヤマト株式会社 東京都中央区日本橋大伝馬町九番一〇号〈営業部・本部受注センター〉電話〇三―三六六二―七〇三五

081 [セメダインC] 箱入、ブリスターパック（20㎖）各一五〇円（50㎖）各三〇〇円
セメダイン株式会社 東京都品川区東五反田四―五―九〈HI事業部〉電話〇三―三四四二―一三六二

082 [スクラップブックD] A―4サイズ三二〇円 B―5サイズ三〇〇円 他にA3、A4あり
コクヨ株式会社 大阪市東成区大今里南六―一―一〈お客様相談室〉電話〇一二〇―二〇一五九四

083 [三菱鉛筆ユニ] 1本九〇円 1ダース一〇八〇円 硬度多種あり
三菱鉛筆株式会社 東京都品川区東大井五―二三―三七 電話〇三―三四五八―六二二三

084 [MONO消しゴム] PE―01A六〇円 PE―03A八〇円 PE―04A一〇〇円 他
株式会社トンボ鉛筆 東京都北区豊島六―一〇―一二〈お客様相談室〉電話〇一二〇―八三四一九八

085 [サクラクレパス] 12色三八〇円 16色五〇〇円 20色六八〇円 25色八四〇円
株式会社サクラクレパス 札幌市中央区南四条西一三丁目一―二六 電話〇一一―五六三―五一六一

086 [ぺんてるエフ水彩] 12色六〇〇円 12色プラケース入七〇〇円 12色白2本入六五〇円 15色金・銀入八七〇円 他
ぺんてる株式会社 東京都中央区日本橋小網町七―二〈お客様相談室〉電話〇三―三六六七―三三三三

087 [特製トンボ・バンド] 長調14調子 短調14調子各1本八〇〇〇円
株式会社トンボ楽器製作所 東京都荒川区西日暮里二―三七―一二〈営業部〉電話〇三―三八〇二―一一〇五

088 [牛乳石鹼] カウブランド赤箱（100g）一〇〇円 青箱（85g）八〇円
牛乳石鹼共進社株式会社 大阪市城東区今福西二―四―七〈マーケティング部〉電話〇六―六九三九―一四五七

089 [ミヨシマルセル石けん]（140g×5ヶ）一二五五円
ミヨシ石鹼製造株式会社　東京都墨田区緑三―八―一二〈消費者相談室〉電話〇三―三六三三―六九六一

090 [六一〇ハップ]（440g）四五〇円（1kg）九〇〇円
武藤鉦製薬株式会社　名古屋市中区錦一丁目二〇番一〇号〈お客様相談室〉電話〇五二―二三一―〇四七五

091 [バスクリン]　ジャスミンの香り、ゆずの香り、森の香り　他各680g六五〇円
株式会社ツムラ　東京都千代田区二番町一二―七〈広報部〉電話〇三―三二二一―〇一五八

092 [亀の子束子]　1号二五〇円　3号三三〇円　4号四〇〇円
株式会社亀の子束子西尾商店　東京都北区滝野川六―一四―八　電話〇三―三九一六―三二三一

093 [マイペット]　500mℓ、2150mℓ各オープン価格
花王株式会社　東京都中央区日本橋茅場町一―一四―一〇〈広報センター〉電話〇三―三六六〇―七〇四一

094 [旭馬印マッチ]　並型12ヶセロファン包二五〇円　家庭型（徳用型）1ヶ二五〇円（小売希望価格）
株式会社ダイドー　神戸市中央区北長狭通五丁目三―九　電話〇七八―三四一―七〇七一

095 [金鳥の渦巻]　10巻三四〇円　30巻九六〇円　30巻（缶）一〇〇〇円　50巻一六〇〇円　大型30巻（缶）一二五〇円
大日本除虫菊株式会社　大阪市西区土佐堀一―四―一一〈宣伝部〉電話〇六―六四四一―〇四五四

096 [カメヤマローソク]　大ローソク1号5 40本入三八〇円　大ローソク10号6本入三八〇円
カメヤマ株式会社　大阪市住吉区苅田九―一五―三四〈営業本部〉電話〇三―三八四一―六七七八

097 [ハクキンカイロ3R]　カイロ・注油カップ・フリース袋・取扱説明書一八〇〇円
株式会社ハクキン　大阪市淀川区野中北一丁目一番七六号〈消費者係〉電話〇六―六三九四―〇一六一

098 [絹糸　金亀印]　三二〇円
金亀糸業株式会社　東京都中央区東日本橋一―二―一五　電話〇三―五六八七―八五一一

099 [貝印カミソリ]　T型ゴールドステンレス5本入一五〇円　長柄ゴールドアルファ5本入一三〇円
貝印カミソリ株式会社　岐阜県関市小屋名一一〇〈営業企画部〉電話〇五七五―二三―六八〇〇

100 [クリネックスティシュー]　200W400枚入二三〇円　5個パック一一五〇円
株式会社クレシア　東京都新宿区西新宿六―一二―一　新宿スクエアタワー一二F〈お客様相談係〉電話〇三―五三二三―〇二九七

101 〔ミツウマのゴム長靴　防寒ダービーキング長〕色調黒24・0㎝〜28・0㎝　防滑性ゴム底、ワンタッチスパイク底あり　他
株式会社ミツウマ　小樽市奥沢四丁目二六番一号〈本社販売部〉電話〇一三四―二三―一一五六

102 〔桐下駄〕男柾下駄四〇〇〇円〜　女柾下駄三〇〇〇円〜　他
黒澤桐材店　福島県喜多方市字一本木上七七四九　電話〇二四一―二二―〇九二八

103 〔五勝手屋羊羹〕ミニ丸缶羊羹一六〇円　丸缶羊羹二一〇円（各1本）他
株式会社五勝手屋本舗　桧山郡江差町本町三八　電話〇一三九五―二―〇〇二二

104 〔まりも羊羹〕袋入7個三五〇円　箱入20個一〇〇〇円
西村食品工業株式会社　札幌市西区八軒一条東二丁目二番六二号〈管理部総務課〉電話〇一一―六四一―〇一一八

105 〔塊炭飴〕平大缶（900g）一五〇〇円　角缶（550g）八五〇円　袋入（200g）三〇〇円　他
有限会社石川商店　赤平市茂尻中央町南四丁目一一番地　電話〇一二五―三二―二三三一

106 〔大嘗飴〕1枚一五〇円
谷田製菓株式会社　夕張郡栗山町錦三丁目一三四　電話〇一二三七―二―一二三四

107 〔旭豆〕袋入（200g）二二〇円　6号箱入六〇〇円
共成製菓株式会社　旭川市宮下通一六丁目右一号　電話〇一六六―二三―七一八一

108 〔豆菓子〕うぐいす豆・エビス豆・銀杏あげ（130g）各一七〇円　（170g）各二二〇円
株式会社池田製菓　小樽市若松二丁目八番一二号　電話〇一三四―二二―八一八一

109 〔ミソノアイスクリーム〕大正浪漫アイスモナカ一八〇円　大正ロマンアイスクリーム（140㎖）三〇〇円　他
有限会社美園アイスクリーム本舗　小樽市稲穂二―一二―一五　電話〇一三四―二二―九〇四三

110 〔わかさいも〕6ヶ入五〇〇円　9ヶ入七〇〇円　13ヶ入　一〇〇〇円　他
株式会社わかさいも本舗　虻田郡虻田町字洞爺湖温泉町一〇八〈本社総務課〉電話〇一四二―七五―三一一一

111 〔花園だんご〕黒あん、白あん、抹茶あん、胡麻、醤油　各1本八〇円
新倉屋　小樽市花園一丁目三番一号　電話〇一三四―二七―二一二一

112 〔カステーラ〕1本七〇〇円
高橋製菓株式会社　旭川市四条通一三丁目　電話〇一六六―二三―四九五〇

113〔とうまん〕白あんのみ1ヶ三五円　進物用12ヶ入五二〇円〜
株式会社富士屋　札幌市白石区菊水五条一丁目　電話〇一一―八一五―一五八〇
114〔月寒あんぱん〕小豆こしあん・黒糖あん・かぼちゃあん　各1ヶ一〇〇円　袋入2ヶ二〇〇円　箱入6ヶ六〇〇円　化粧箱入8ヶ九〇〇円　他
株式会社ほんま　札幌市豊平区月寒東二条三丁目二―一〈営業本部〉電話〇一一―八五一―一二六四
115〔山親爺〕5枚入一八〇円　箱入5枚一九〇円　丸缶35枚1本一四〇〇円　角缶20枚八五〇円　他
千秋庵製菓株式会社　札幌市中央区南三条西三丁目　電話〇一一―二五一―六一三一
116〔かりん糖　黒錦〕(210g)二二〇円
中野製菓株式会社　小樽市銭函三丁目五一一番地　電話〇一三四―六二―七二五五
117〔しおA字フライ〕(290g)二二〇円
坂栄養食品株式会社　札幌市中央区南一条西一丁目　電話〇一一―二三一―〇一二七
118〔ホワイトチョコレート〕1枚一二〇円　5枚入六〇〇円　モカホワイト、抹茶ホワイト　他
六花亭製菓株式会社　帯広市西24条北一丁目三―一九〈お客様相談室〉電話〇一二〇―〇一二―六六六
119〔白い恋人〕12枚入六〇〇円　缶入28枚一五〇〇円　他
石屋製菓株式会社　札幌市西区宮の沢二条二丁目一一番三六号〈総務部〉電話〇一一―六六六―一四八三

※この一覧は二〇〇〇年十月現在の商品名と主な商品構成を掲載しています

あとがきにかえて

早いもので、岩川亜矢さんの画とわたしの文でコンビを組み、さまざまな連載をこなして十年近くになります。そもそも亜矢さんと知り合ったのは、当時、北海タイムスで記者をしていた宮内令子さんの紹介でした。出版社を創立したばかりで、『小樽食べたい読本』を取材・編集していた頃です。

その中の和菓子特集でアンミツの記事があり、どうしてもイラストが欲しいので、少しは絵心のある女性スタッフにアンミツを描いてもらいました。それが机の上に乗っているのを見て、宮内さんが「丼物みたいでどう頑張ってもアンミツには見えない」と呆れ、「友人に本職のイラストレーターが居るので、頼んで描いてもらってあげる」といってくれたのがきっかけです。すると亜矢さんは、ギャラなどあってないようなものなのに、アンミツをはじめ和菓子の数々をとても美しいイラストで仕上げてくれました。

以来、さまざまな仕事でコンビを組むようになりました。一番長かった連載は、平成十二年の四月まで北海道新聞木曜夕刊「おふたいむ」で五年ほど続いた「たべもの歳時記」です。けれども最初の長期連載は、同じおふたいむの紙面を舞台にしたこの「こだわりのロングセラー」(日本編)からです。おふたいむの創刊時に、初代編集長だった北海道新聞の白鳥弘嗣さんに依頼され、さまざまな企画を考えました。その時、「こういうモノを扱うコラムを、大胆なイラストでやりたいのですが……」と提案したところ、進取気鋭な白鳥さんはすぐ快諾して下さったのです。

一年半続いた海外編では、格調高く人気ブランド中心でしたが、わたしが文を担当する日本編になってからは一気に庶民派となり、懐かしいモノばかり扱うようになりました。週刊というサイクルに合わせての商品選定と執筆はとてもハードなものでしたが、一番大変なのは画を担当した亜矢さんです。毎週、何が素材として出てくるかわからないのですから……。

しかも、締め切りまで長くて五日、短ければ二日しかないにもかかわらず、亜矢さんは必ず期日どおりに仕上げてくれました。ですから、一点一点のどれをとっても思い出深い作品ばかりです。とりわけ、連載の最後は「グリコのバンザイマークにしたい!」と思い続け、それを実現できたことは忘れられません。

そんな思い入れのある連載が、一冊の本にまとまることになり、こんなにうれしいことはありません。

また、この連載の生みの親である白鳥弘嗣さん、短い期間にもかかわらず編集を担当してくれた共同文化社の奥山敏康さん・長江ひろみさん、エディターの井上哲さん、二冊目のエッセイ集『日曜日のカレー』に引き続き、美しい装丁で本を仕上げてくれた須田照生さんほか、今回もたくさんの人のお世話になりました。亜矢さんと一緒に、心からお礼を言わせて下さい。ありがとうございます。今世紀中に出版されるなんて、とても幸せな本だと思います。

二〇〇〇年十月

和田　由美

著者略歴

岩川亜矢（いわかわ・あや）函館に生まれ札幌で育つ。北星学園女子高等学校、女子美術短期大学造形学部卒。電通札幌支社の嘱託を経て、八二年に「ルームaya」を設立。以後、札幌を拠点にフリーのイラストレーターとして活動。現在は、北海道新聞木曜夕刊おふたいむ「万国放談」、道新オントナ「昭和暮らしっく」、花新聞の挿絵などで活躍。手描きにこだわり、温かい手触りや情感に溢れた世界を表現。個展・グループ展多数。北海道イラストレーターα会員。

和田由美（わだ・ゆみ）一九四九年、小樽に生まれ倶知安で育つ。札幌南高校、藤女子短期大学英文科卒。二年間のＯＬ生活を経て、七七年に編集工房「プロジェクトハウス亜璃西」を設立。北海道内でベストセラーとなった『札幌青春街図』『さっぽろ食べたい読本』の編著者として活躍。八八年には念願の出版社「亜璃西社」を創立、代表取締役となる。新聞や雑誌にエッセイや記事を多数執筆。著書にエッセイ集『いつだってプカプカ』『日曜日のカレー』がある。

二〇〇〇年十一月十一日　初版第一刷発行

書名　こだわりのロングセラー

著者　〔画〕岩川亜矢　〔文〕和田由美

発行所　共同文化社　札幌市中央区北三条東五丁目五　〒〇六〇-〇〇三三

印刷　株式会社アイワード

ISBN 4-87739 047-2